MANUAL DA MONOGRAFIA JURÍDICA

Rizzatto Nunes

MANUAL DA MONOGRAFIA JURÍDICA

15ª edição

Revista, atualizada
e ampliada

2024

EDITORA JusPODIVM
www.editorajuspodivm.com.br

EDITORA *Jus*PODIVM
www.editorajuspodivm.com.br

Rua Canuto Saraiva, 131 – Mooca – CEP: 03113-010 – São Paulo – São Paulo
Tel: (11) 3582.5757
• Contato: https://www.editorajuspodivm.com.br/central-de-relacionamento

Capa: Maitê Coelho *(maitescoelho@yahoo.com.br)*
Imagem de Capa: Nook Hok em shutterstock.com

Diagramação: Equipe *Jus*PODIVM

• A Editora *JusPODIVM* passou a publicar esta obra a partir da 14.ª edição.

N972m Nunes, Rizzatto
Manual da Monografia Jurídica / Rizzatto Nunes – 15.ed., rev., atual. e ampl. - São Paulo: Editora JusPodivm, 2024.

320 p.

ISBN: 978-85-442-4923-9.

1. Português. 2. Monografia Jurídica. I. Nunes, Rizzatto. II. Título.

CDD 469.5

Bibliotecária responsável:
Ana Carolina Ribeiro Mois – CRB7 – RJ 007348/0

Principais obras do autor

1. *Simplesmente Si* (poesias). São Paulo: Artpress, 1986 (esgotado).
2. *Execução fiscal — jurisprudência*. São Paulo: Revista dos Tribunais, 1988 (esgotado).
3. *Código de Defesa do Consumidor anotado*. São Paulo: Artpress, 1991 (esgotado).
4. *Explicando o Código de Defesa do Consumidor*. São Paulo: Artpress, 1991 (esgotado).
5. *A lei, o poder e os regimes democráticos*. São Paulo: Revista dos Tribunais, 1991 (esgotado).
6. *A empresa e o Código de Defesa do Consumidor*. São Paulo: Artpress, 1991 (esgotado).
7. *Curso prático de direito do consumidor*. São Paulo: Revista dos Tribunais, 1992 (esgotado).
8. *ABC do parlamentarismo*. São Paulo: Ombudsman Editora, 1992 (esgotado).
9. A ética, o Poder Judiciário e o papel do empresariado nacional (capítulo). In: *Uma nova ética para o juiz*. São Paulo: Revista dos Tribunais, 1994.
10. O poder carismático da tevê e Max Weber (capítulo). In: *Direito, cidadania e justiça*. São Paulo: Revista dos Tribunais, 1995.
11. *Liberdade - norma, consciência, existência*. São Paulo: Revista dos Tribunais, 1995 (esgotado).
12. *Manual de introdução ao estudo do direito*. São Paulo: Saraiva, 1996; 16. ed. rev. ampl., 2019.
13. *O Código de Defesa do Consumidor e sua interpretação jurisprudencial*. São Paulo: Saraiva, 1997; 4. ed. rev. ampl., 2010.

14. *A intuição e o direito*. Belo Horizonte: Del Rey, 1997.
15. *Compre bem - manual de compras e garantias do consumidor*. São Paulo: Saraiva, 1997; 3. ed. rev. atual. ampl., 2000.
16. *Manual da monografia jurídica - como se faz uma monografia, uma dissertação, uma tese*. São Paulo: Saraiva, 1997; 13. ed. rev. ampl., 2019; 14. ed. rev. e atual., Salvador: Juspodivm, 2021.
17. *O dano moral e sua interpretação jurisprudencial*. São Paulo: Saraiva, 1999 (escrito em conjunto com Mirella D'Angelo Caldeira). (esgotado)
18. *Comentários à Lei de Plano e Seguro-Saúde*. São Paulo: Saraiva, 1999; 2. ed. rev. modif. ampl. atual., 2000 (esgotado).
19. O Poder Judiciário, a ética e o papel do empresariado (capítulo). In: *Ética na virada do milênio*. São Paulo: Atlas, 1999; 2. ed. rev. ampl., 1999.
20. *Comentários ao Código de Defesa do Consumidor — direito material*. São Paulo: Saraiva, 2000; 2. ed. 2004 (esgotado).
21. *Manual da monografia* (para áreas não jurídicas). São Paulo: Saraiva, 2000; 3. ed. 2002 (esgotado).
22. *Intuição* (romance). São Paulo: Método, 2000.
23. *Um balão caindo perto de nós* (romance infantojuvenil). 2. tir. São Paulo: Saraiva, 2011. 2. tir., 2011.
24. *O princípio constitucional da dignidade da pessoa humana*. São Paulo: Saraiva, 2002; 4. ed. rev. ampl., 2018. 5. ed. rev., Salvador: Juspodivm, 2021.
25. *Modelos jurídicos:* área cível. São Paulo: Saraiva, 2003 (CD-ROM).
26. *Curso de direito do consumidor*. São Paulo: Saraiva, 2004; 15. ed. rev., atual. ampl., 2024.
27. *Modelos jurídicos*: área trabalhista. São Paulo: Saraiva (CD-ROM). Em coautoria com Flávio Secolin.
28. *Manual de filosofia do direito*. São Paulo: Saraiva, 2004; 7. ed. rev. ampl., 2018. 8. ed. rev., atual. e ampl. Salvador: Juspodivm, 2021.
29. *Aconteceu em Sampa* (contos). Em coautoria com Rodrigo Ferrari Nunes. São Paulo: Método, 2004 (esgotado).
30. *Modelos jurídicos — área criminal*. Em coautoria com Luiz Antonio de Souza. São Paulo: Saraiva, 2005 (CD-ROM).
31. *Comentários ao Código de Defesa do Consumidor*. São Paulo: Saraiva, 2005; 8. ed. rev., atual. ampl., 2015.
32. *As aventuras de Joãozinho Legal* (romance infantojuvenil). Rio de Janeiro: Nova Fronteira, 2005 (esgotado).

33. *Bê-a-bá do consumidor*. São Paulo: Método/Casa do Direito, 2006 (esgotado).
34. *Superdicas para comprar bem e defender seus direitos de consumidor*. São Paulo: Saraiva, 2008.
35. *O abismo* (romance). São Paulo: Editora da Praça, 2009 (esgotado).
36. *Tudo o que você precisa saber sobre Direito do Consumidor* (audiolivro). São Paulo: Saraiva, 2009.
37. *Turma da Mônica em Superendividados*. São Paulo: Maurício de Souza Ed., 2009 (em coautoria com Marli Aparecida Sampaio e em parceria com Maurício de Souza).
38. *Tudo o que você precisa saber sobre dano moral* (audiolivro). São Paulo: Saraiva, 2010.
39. *Bê-a-bá do Consumidor* — proteja-se de forma prática e simples. São Paulo: Cia. dos Livros, 2010.
40. *Manual de Monografia. Como se faz uma monografia, uma dissertação, uma tese (para áreas não jurídicas)*. São Paulo: Cia. Editora Nacional, 2010.
41. *Era do Consumo*. Ribeirão Preto: Migalhas, 2016.
42. *Manual de direito do consumidor para concursos*. São Paulo: Saraiva, 2016.
43. *A visita* (romance). São Paulo: YK Editora, 2016.
44. *Diário de uma garota preocupada* (literatura infanto-juvenil). São Paulo: Pé de Lima, 2019 (com as participações de Luana Nunes e Giulia Nassa).
45. *Quarentena:* momentos de reflexão (romance). São Paulo: Editora da Praça, 2020.
46. *Gisele* (romance). São Paulo: Editora da Praça e Pé de Lima, 2020. 2. ed., São Paulo: Garimpo, 2023.
47. O *assassinato da sogra* (romance). São Paulo: Editora da Praça, 2020.

Sobre o autor

Desembargador do Tribunal de Justiça de São Paulo (aposentado). Doutor e Mestre em Filosofia do Direito pela PUC-SP. Livre-docente em Direito do Consumidor pela mesma Universidade. Professor nas cadeiras de Direito do Consumidor, Introdução ao Estudo do Direito, Filosofia do Direito, Teoria Geral do Direito e Direito Processual Civil.

Sobre o autor

Prefácio à 14ª edição

Comemoro, com este prefácio, os 27 anos de sucesso desta obra. E agora sendo editada em nova Casa. Certamente, continuará sendo de muita utilidade para todos os estudantes de Direito, tanto na graduação quanto na pós-graduação.

A primeira edição data de 1997. De lá para cá, foram treze edições e muitas tiragens. Para mim, é uma grande satisfação e alegria ver que este meu **Manual** foi adotado em escolas de todo o país, tanto nos cursos de graduação como nos cursos de pós-graduação *lato sensu* e *stricto sensu (mestrado e doutorado).*

Como já tive oportunidade de observar, o ensino do Direito segue uma tradição doutrinária com longo tempo de aulas expositivas. Mas, ao menos no que diz respeito à produção do trabalho monográfico, dos TCCs às Dissertações (Mestrado) e Teses (Doutorado), o método tem ajudado muito os estudantes a se aprofundarem em temas de relevo para a evolução do conhecimento jurídico. E tem, inclusive, ajudado a muitos deles a tomarem gosto pela escrita organizada e a produzir textos de excelência.

Repito, então, algo que disse outrora: este **Manual**, escrito em um verdadeiro passo a passo na busca da obtenção de um resultado, vem dando, no decorrer dos anos, sua contribuição ao aprendizado do Direito. Sou muito grato a todos que o indicam e o utilizam, e muito feliz por isso!

Rizzatto Nunes

Sumário

A MONOGRAFIA no curso de graduação

Primeira Parte

4

5

6

A MONOGRAFIA
no curso de graduação

Primeira Parte

Observações iniciais: A opção didática e a imposição do MEC

A elaboração de um trabalho monográfico de estudo e pesquisa, antes de ser uma imposição legal, é uma opção didática.

De há muito os professores universitários perceberam que uma das boas maneiras de ensinar e avaliar um aluno era através da feitura da monografia.

Ela é fundamental não só porque mostra o conhecimento que o aluno tem da matéria, como também, simultaneamente, permite ao estudante, em uma tarefa isolada, aprofundar seu aprendizado no assunto tratado.

É uma das formas mais modernas de avaliação, mas, principalmente, de aprendizado, porque é o próprio estudante que aprende trabalhando.

A monografia é muito útil para demonstrar que atualmente não se pode mais aceitar a ideia (dogmática) de que é "o professor que ensina", mas sim de que é "o aluno que aprende". A função do professor é orientá-lo e auxiliá-lo nesse aprendizado.

Como meio de avaliação, a monografia, somada aos outros métodos, tais como provas escritas e orais, elaboração de seminários, testes etc., guardadas as especificidades de cada área, é um complemento fundamental.

A monografia já vem sendo exigida há muitos anos nas melhores escolas de direito, como método de pesquisa e aprendizado e meio de avaliação.

Em várias áreas, incluindo faculdades que não as de direito, exige-se a apresentação de monografia ao término do curso de graduação.

Em alguns lugares do mundo essa exigência na graduação está presente há muitos anos[1]. E, entre nós, nos cursos de pós-graduação *stricto sensu* – mestrado e doutorado – o trabalho similar à monografia, que tem o nome de dissertação e tese, respectivamente, é exigência parcial à obtenção dos títulos de mestre e doutor.

No caso do curso de direito, no bacharelado, o Ministério da Educação (MEC), em 1994, baixou portaria tornando a monografia obrigatória com vistas à conclusão do curso.

A Portaria n. 1.886, de 30-12-1994, trazia uma série de novas regras para os cursos jurídicos, tais como um novo currículo mínimo, o número mínimo de horas-aula, a necessidade de um mínimo de horas dedicadas às atividades práticas etc. No seu art. 9º, estabelecia, *in verbis*:

> "Art. 9º Para conclusão do curso, será obrigatória apresentação de defesa de monografia final, perante banca examinadora, com tema e orientador escolhidos pelo aluno".

1. Por exemplo, na Itália, ela é obrigatória por força de lei, conforme nos diz Umberto Eco, **Como se faz uma tese**, p. 1.

A Portaria n. 1.886, no entanto, foi revogada pela Resolução n. 9, de 29-9-2004, do Conselho Nacional de Educação (CNE). O que tinha o título de monografia e que também é conhecido como TCC (Trabalho de Conclusão de Curso) transformou-se apenas em TC (Trabalho de Curso) (art. 10). É uma pena, pois, modificando a designação, o CNE acabou permitindo que algumas escolas manipulassem o sentido de monografia com defesa em banca para mero "Trabalho de Curso".

Espero que as escolas sérias mantenham a monografia no modelo anteriormente instituído e que os próprios alunos percebam a importância de sua manutenção[2].

De nossa parte, manteremos o termo "monografia", ainda que nas escolas se utilize "trabalho de conclusão". É o conteúdo que importa, não o nome.

2.. Veja texto integral da Resolução no apêndice deste livro. Agradeço à Dra. Marcia Regina Machado Mecaré, Vice-Presidente da OAB, Secção São Paulo, e ao Dr. Eduardo Samek, pelo fornecimento de material atualizado relativamente aos cursos de Direito.

1

O projeto de pesquisa e monografia

1.1 PRELIMINAR

Algumas escolas exigem que os alunos elaborem o chamado projeto de pesquisa ou projeto de monografia ao iniciarem o período final do curso, o que, na maior parte delas, se dá no início do 4º ano letivo.

É importante, então, que apresentemos a você, estudante, uma sugestão para a apresentação do projeto de pesquisa que irá desembocar na monografia.

Consigne-se, no entanto, previamente, que é preciso cumprir as normas estabelecidas pela escola em relação ao projeto. Nem todas estabelecem tais regras, mas há aquelas que as fixam, e nesse caso é necessário cumprir o cronograma, ir às reuniões, atingir as metas, não perder prazos etc.

De qualquer forma, de nossa parte, iremos na sequência apresentar um sistema básico de redação e planejamento do projeto.

Anote-se, também, que o modelo aqui apresentado serve para pedido de bolsa de estudo, para o qual se exige projeto de pesquisa, sempre, claro, com o cumprimento das regras específicas estipuladas pela instituição/Agência de Fomento para a concessão do benefício.

1.2 TÍTULO/TEMA

O projeto deve ser encaminhado com a indicação do tema a ser pesquisado. O tema corresponderá ao título do trabalho monográfico. Para saber como fazer para definir o tema, consulte o Capítulo 2 *infra*.

1.3 JUSTIFICATIVA

Abra um item justificando a escolha do tema. Aponte sua pertinência, isto é, sua importância, indicando a relevância da pesquisa que terá de ser empreendida.

1.4 OBJETIVOS

Ligados à importância do tema e relevo da pesquisa, você deve apontar os objetivos que pretende alcançar.

Não se trata, claro, de uma apresentação dos próprios objetivos, pois esses só virão com a pesquisa e o trabalho prontos. O que você tem que demonstrar é quais são os objetivos almejados com a pesquisa que será feita. Trata-se de uma projeção; de um, digamos assim, desejo de realização.

1.5 METODOLOGIA

Aqui você apresentará os meios pelos quais irá produzir a pesquisa. Para tanto, consulte o Capítulo 3 *infra*, nos três itens, e examine os quadros lá descritos. Indique os tipos de materiais que serão coletados.

Detalhe a perspectiva planejada: se for fazer pesquisa de campo, como será, onde ocorrerá etc.; da análise da jurisprudência, aponte os Tribunais e Revistas que pretende examinar; idem para a avaliação doutrinária etc.

1.6 BIBLIOGRAFIA A SER UTILIZADA

Você deve apresentar no projeto uma bibliografia básica inicial da pesquisa e trabalho que serão realizados.

Isso significa, portanto, que você tem que fazer uma, ainda que breve, pesquisa bibliográfica prévia. Para tanto, sirva-se dos itens 4.2 e 4.3 *infra*. Quanto à forma de apresentar os dados bibliográficos, utilize-se das indicações do item 6.6 *infra*.

1.7 CRONOGRAMA DE ATIVIDADES

Nesse tópico cada aluno tem que considerar o tempo que sua escola está propiciando para a realização da pesquisa, a produção de monografia, o depósito dos exemplares, e tudo na relação com a orientação também planejada. Haverá, portanto, variações de escola a escola.

De qualquer maneira, o básico num cronograma de atividades envolve o número de dias/semanas que o aluno pretende gastar com cada atividade, tais como levantamento bibliográfico completo, leitura e fichamento dos textos, pesquisa de campo "in loco", pesquisa de opinião com formulários[1], entrega e recepção dos resultados, análise

1. Se isso estiver planejado (pesquisa de opinião), aconselha-se que pelo menos uma amostra do formulário seja entregue junto com o projeto, apresentado e comentado no item 1.5 (Metodologia).

da jurisprudência, início e fim da redação, releitura e correção do texto, impressão e acabamento etc.

Tudo isso, que deve ser detalhado, no entanto, é não só um planejamento prévio como, de outro lado – é preciso que se coloque –, não é uma camisa de força. Claro que você poderá ir escrevendo parte do texto enquanto examina a doutrina, faz a pesquisa etc.

Aliás poderá, não deverá, pois essa é uma boa maneira de produzir a monografia. Ver a esse respeito mais detalhes no Capítulo 4 *infra*, "A monografia: início das tarefas", especialmente item 4.1, letra "b".

1.8 ANEXOS

Anexe ao projeto documentos indispensáveis para seu entendimento. Por exemplo, se você for fazer uma pesquisa de opinião, é importante, desde logo, juntar os formulários com os quais pretende obter o material[2].

1.9 FORMATAÇÃO

O projeto deve ser entregue seguindo as determinações ditadas pela instituição. Na falta delas, utilize o seguinte:

1.9.1 Encadernação-capa e lombada

A encadernação deve ser feita em espiral (capa em PVC – plástico – do tipo transparente, com miolo preso por espiral plástico ou arame recoberto de plástico).

2. E que, conforme já dissemos na nota anterior, deve ser apresentado e comentado no item 1.5 (Metodologia).

Se o número de folhas comportar, pode ser feita encadernação com capa dura e, também, se possível, fixar com lombada.

Da capa devem constar os elementos descritos no subitem 7.2.3 *infra* e da lombada, os descritos no subitem 7.2.2.

1.9.2 Tamanho de folha e impressão

Utilize o papel A4 branco (21 cm × 29,7 cm).

A impressão é feita num só lado da folha (no anverso), usando-se a melhor definição de tinta que a impressora tiver e na cor preta.

1.9.3 Tipo e corpo de letra

O tipo de letra a ser utilizado fica a critério do estudante. Os mais comuns são o Arial e o Times New Roman. Já o tamanho do corpo recomendado é o 12, com algumas exceções: por exemplo, o Times New Roman possui formato menor, e, por isso, o mais indicado seria o corpo 13 ou 14.

Nas citações de mais de três linhas e nas notas de rodapé, a fonte deve ter corpo menor que o texto.

1.9.4 Margens e espaçamento

As folhas devem obedecer às seguintes margens:

a) superior: 3 cm
b) inferior: 2 cm
c) esquerda: 3 cm
d) direita: 2 cm [3]

3. Veja exemplo das margens no item 7.2.8 *infra*.

O espaçamento entre linhas deve ser de 1,5 para que a leitura fique mais fácil e fluente.

Para o uso do espaçamento nos títulos internos do projeto, bem como das seções e títulos deve ser seguido o indicado nos subitens 7.2.8 e 7.2.9 *infra*.

Nas citações de mais de três linhas, nas notas de rodapé e nas Referências o espaçamento deve ser simples.

1.9.5 Numeração das folhas e dos rodapés[4]

As folhas são numeradas em arábico, à direita, no canto superior. O tipo de letra e o corpo devem ser os mesmos utilizados no texto.

As folhas anteriores ao texto propriamente dito (antes da introdução) devem ser contadas, mas não numeradas.

1.9.6 Sumário

O sumário deve ser elaborado conforme descrito no subitem 7.2.7 *infra*.

1.9.7 Referências

As referências bibliográficas devem ser elaboradas conforme descrito no item 6.6 *infra*.

4. Para uma adequada elaboração da nota de rodapé, siga as orientações do subitem 7.2.11 com os demais capítulos e itens lá referidos.

1.9.8 Capa

Na capa da encadernação ou na primeira folha impressa que entra logo após a encadernação em plástico transparente, deve constar:

- no alto: o nome do estudante na ordem natural, em letras maiúsculas;
- no centro: o título/tema da pesquisa e monografia, em letras maiúsculas, com corpo maior que o do nome do estudante;
- abaixo do título: em letras maiúsculas, em tipo de corpo igual ao do nome, a indicação do projeto de pesquisa e monografia;
- embaixo: o nome da escola, local (cidade[5]) e ano da entrega, em tipo e corpo iguais aos do nome.

Veja exemplo:

5. No caso de cidades homônimas, coloca-se a sigla do Estado-Membro.

Capa

JOSÉ DA SILVA[6]

A PUBLICIDADE ENGANOSA
DAS INDÚSTRIAS DE CIGARRO

PROJETO DE PESQUISA E MONOGRAFIA JURÍDICA

PUC/São Paulo[7]
2013

6. Algumas escolas exigem identificação da matrícula do aluno e/ou sala. Nesse caso coloca-se essa identificação abaixo do nome, em letras minúsculas, com tipo e corpo iguais aos do nome.
7. É preciso consultar a escola quanto à forma de colocação do nome, pois algumas exigem-no por extenso e outras, abreviado.

1.9.9 Folha de rosto

Após a capa entra uma nova folha, a de rosto, contendo os mesmos dados da capa, com o acréscimo do nome do orientador, abaixo da designação "Projeto de Pesquisa e Monografia Jurídica".

Veja exemplo de folha de rosto:

JOSÉ DA SILVA

A PUBLICIDADE ENGANOSA
DAS INDÚSTRIAS DE CIGARRO
PROJETO DE PESQUISA E MONOGRAFIA JURÍDICA

Orientador: Prof. Dr. Rodrigo Ferrari

PUC/SÃO PAULO
2013

2

A escolha do tema

2.1 POR QUE "MONOGRAFIA"?

O próprio nome do trabalho científico já designa o limite da investigação: monografia (mono = único). Isto é, o trabalho monográfico deve ter por objeto um único assunto ou tema.

A escolha desse assunto único, contudo, exige certas cautelas e envolve escolhas necessárias para que a finalidade do trabalho seja atingida. A fixação do tema é o primeiro passo importante para o sucesso na elaboração do trabalho monográfico.

2.2 NÃO CONFUNDA COM ATIVIDADE PROFISSIONAL

Este primeiro comentário, ainda que particularmente dirigido aos profissionais do direito que se encaminham para a produção do trabalho monográfico – especialmente a dissertação de mestrado, mas também o trabalho de conclusão de curso de especialização e das disciplinas cursadas no mestrado/doutorado –, vale da mesma maneira ao alunado da graduação.

A feitura da monografia é completamente diferente da produção do trabalho profissional ou acadêmico regular.

Não se trata de fazer uma peça processual mais longa, uma pesquisa de jurisprudência para sustentar razões de recurso, a busca de opinião doutrinária que sustente uma tese a ser levada a juízo, ou faça parte de um parecer etc.

A realização de uma monografia, desde a escolha do tema até sua redação final, difere muito de um longo trabalho profissional.

Dizemos isso pela constatação de que a confusão tem sido corrente nesse aspecto.

É que bons profissionais do direito – e bons estudantes que nunca fizeram monografia – acabam cometendo o erro de acreditar que, exatamente por não terem dificuldade em fazer peças, pareceres e pesquisas rotineiras nas suas áreas de atuação, conseguirão um bom resultado ao elaborar a monografia com o mesmo método, talvez um pouco ampliado em termos de tempo dedicado à execução e na maior quantidade de páginas escritas. Ledo engano.

Bons profissionais têm produzido más monografias, pelo equívoco inicial na escolha do método.

Uma coisa é fazer petições – curtas ou longas –, e que muitos são capazes de produzir diretamente no microcomputador em cima do prazo; outra, bem diferente, é planejar, executar e realizar uma monografia. Para esta é necessário um método específico, mas que, se seguido, traz muitos bons resultados.

2.3 SETE REGRAS PARA A ESCOLHA DO TEMA

2.3.1 Escolha tema do seu interesse

Para você começar com o "pé direito" o seu trabalho escolar, preocupe-se primeiramente com a escolha do tema.

Uma monografia tem forte chance de dar certo se o tema escolhido estiver de acordo com as características intelectuais do aluno, sua atração pelo assunto, o interesse despertado tendo em vista sua posição ideológica, sua atitude diante das circunstâncias que o assunto revela etc.

É verdade que, às vezes, o estudante não tem muita (ou nenhuma) alternativa, o que ocorre quando o tema é indicado. Nessa hipótese "menos livre", é preciso tentar driblar esse aspecto inicialmente negativo (leia a respeito o item 2.5, a seguir).

De qualquer maneira, frise-se que, sempre que a escolha do tema estiver nas suas mãos, você deve fazê-la levando em conta o seu próprio e pessoal interesse.

Quanto mais "simpatia" o tema despertar, quanto mais atração exercer, mais motivação você terá para desenvolver o trabalho.

Não se deve esquecer de que todo trabalho monográfico é árduo. Claro que é gratificante, como também é uma experiência metodológica importantíssima. Porém sempre cobra esforço e dedicação do aluno. Esse esforço será maior, tornando-se por muitas vezes penoso, quando o tema escolhido não for aquele que mais agrade ao estudante.

É bem verdade que, pelo menos do ponto de vista teórico, desde que a metodologia do trabalho científico seja seguida à risca, qualquer tema pode ser trabalhado e acaba tornando-se uma monografia. Porém, em primeiro lugar, não há nenhuma razão (a não ser a do tema indicado pelo professor e/ou orientador) para que você opte por um tema que não seja totalmente de seu interesse. Depois, a escolha do tema errado joga fora uma parte importante da produção intelectual: a inspiração ou, pelo menos, a motivação.

Pode-se afirmar, sem medo de errar, que produções científicas desmotivadas são, geralmente, pobres e monótonas e que o investigador sem inspiração assemelha-se mais a um autônomo repetidor que a um criador (e a produção científica é criação!).

2.3.2 O tema pode ser conhecido ou não

Uma opção interessante do ponto de vista da produção científica é a do assunto desconhecido ou pouco conhecido. Você pode optar por um tema justamente porque não o conhece ou conhece-o de maneira insuficiente. Será uma boa oportunidade para vir a ter contato com ele e passar a conhecê-lo. Mesmo assim, e até mais propriamente, a leitura prévia de textos é necessária.

Por exemplo, você já ouviu falar do princípio do *due process of law*, mas não sobre seu significado. Pode, então, pensar em escolher um tema relativo a tal princípio. Lerá a obra obrigatória de Nelson Nery Junior, **Princípios do processo civil na Constituição Federal**[1], e daí poderá pensar num tema; por exemplo, "O devido processo legal como princípio fundamental do processo civil". Ao final do trabalho terá aprendido a lição.

1. 3ª ed., São Paulo: Revista dos Tribunais, 1996.

2.3.3 Procurando o tema

É preciso, agora, que você comece a ir definindo o tema.

Na sequência, apontamos três caminhos para que você chegue ao tema procurado.

2.3.3.1 Defina claramente o tema

É necessário ter uma visão clara do tema, o que muitas vezes exige a leitura prévia de textos já escritos sobre o assunto versado ou pelo menos o conhecimento anterior propiciado por leituras feitas e aulas assistidas. Assim, por exemplo, você pode escolher o tema "Os sindicatos e os direitos difusos e coletivos" porque quer investigar e refletir sobre aspectos específicos da jurisdição civil coletiva. Nesse caso você deve, ainda antes de tomar o tema como definitivo, procurar livros que tratem do assunto. Descobrirá obras que abordam o assunto e uma, bastante atual, com título parecido: **Os sindicatos e a defesa dos interesses difusos**, de Celso Antonio Pacheco Fiorillo[2]. A leitura desse livro, no caso, forneceria elementos para que você tirasse eventuais dúvidas relativas ao tema e pudesse ter certeza da escolha.

Ou, então, num outro exemplo, você escolhe o tema "A violação do direito à imagem pelos veículos de comunicação", porque você já estudou o assunto quando teve aulas de direito constitucional e quer trabalhar eventuais violações praticadas pelos canais de televisão, jornais e estações de rádio. Nessa hipótese, uma leitura importante seria a dissertação de mestrado de Luiz Alberto David Araujo, **A proteção constitucional da própria imagem**[3]. A leitura desse tex-

2. São Paulo: Revista dos Tribunais, 1995.
3. Belo Horizonte: Del Rey, 1996.

to forneceria o material necessário para a checagem da convicção da escolha do tema.

2.3.3.2 A limitação do tema

Como já se disse no início, o próprio nome que se dá ao trabalho científico de aproveitamento escolar já pressupõe uma delimitação necessária para a escolha do tema: a monografia indica um tipo de trabalho que versa sobre um único assunto.

Todavia, ainda assim, é preciso que se diga que não basta lidar com um único assunto, é necessário que ele esteja limitado, reduzido. Por exemplo: o tema "O direito do consumidor no Brasil" aponta um único assunto. Contudo, é por demais amplo para um trabalho monográfico de graduação. O tema demandaria um esforço de pesquisa de toda a legislação brasileira que tratasse do consumidor, pelo menos desde a proclamação da República até a promulgação da Lei n. 8.078/90 (o Código de Defesa do Consumidor), bem como o comentário de todos os artigos da lei consumerista.

Assim, o fato do tema ser único não é suficiente. É preciso que ele seja limitado.

Quanto mais estreita for a matéria a que o tema se refere, melhor será.

Trabalhar em cima de um assunto bastante restrito facilita muito o trabalho de pesquisa e a elaboração do texto.

Na realidade este é um conselho que vale tanto para a dissertação do mestrado quanto para a tese de doutorado, mas em se tratando de monografia de graduação ele é quase norma obrigatória.

Uma boa forma de se ir limitando o tema é perguntar "por que" ou lançar mão dos advérbios onde e quando para arguir sobre a época e a abrangência (lugar).

Se você criar o seguinte título para seu trabalho: "A publicidade no direito do consumidor" e perguntar quando e onde, verá que o tema é amplo, pois envolve toda a publicidade e todo o direito do consumidor desde sempre e em qualquer território. Será obrigado a abordar questões muito antigas e inúmeros aspectos do direito comparado.

Mas, em contrapartida, tais questões permitem que você perceba a amplitude e mude o título para, por exemplo, "A publicidade no direito do consumidor a partir da edição da Lei n. 8.078/90".

Vê-se que o último nome da monografia nasce limitando tempo (a partir de 11-3-1991, data em que a Lei n. 8.078 entrou em vigor) e território (trata-se de lei brasileira, o conhecido Código de Defesa do Consumidor).

O fato é que o tema levado ao máximo de redução permite uma concentração da pesquisa e um aprofundamento de seu conteúdo. Vejamos um exemplo.

É possível escolher o tema "Atualidades no processo civil". Sem um subtítulo, só se poderá saber do que se trata pensando-se que a data de elaboração do trabalho define o que seja "atualidades". Mas o que se entende por "atual"? Aquilo que é recente apenas? E o que significa "recente"? Um mês ou um ano? Pior: seria atualidades sobre "todo" o processo civil ou apenas de uma parte dele? Trata-se da legislação processual ou das novas posições da jurisprudência a respeito?

Bem, então, estando muito indefinido e querendo manter-se na área do processo civil atual, poder-se-ia escolher o tema "A reforma do Código de Processo Civil brasileiro de 1994 e de 1995". Muito bem, agora já sabemos que se trata de uma "atualidade" na legislação processual civil e localizada nos anos de 1994 e 1995. Melhorou. Contudo, ao se examinar o conteúdo de tal reforma, verificar-se-á que as normas introduzidas pelas diversas leis federais editadas entre

13 de dezembro de 1994 e 26 de dezembro de 1995[4] trouxeram profundas alterações ao sistema processual, inclusive com a criação de novos institutos, como, por exemplo, a ação monitória.

Estamos diante de um outro tipo de problema: o tema está definido, mas seu conteúdo é muito extenso.

A solução, no caso, seria escolher um dos assuntos dentro da reforma e elegê-lo como tema. Por exemplo, "A ação monitória", ou, melhor ainda, "A ação monitória introduzida pela reforma de 1995". Na primeira hipótese a ideia de ação monitória é mais ampla do que na segunda, ainda que em ambos os casos fosse necessário tratar da ação monitória como um tipo de ação independentemente da maneira como ela foi implantada no Brasil pela Lei n. 9.079/95; na segunda hipótese o tema já nasce bem delimitado, orientando o aluno quanto ao que se buscará e se fará no trabalho.

Outro exemplo, ainda na mesma questão da reforma do processo civil, seria eleger como tema "O recurso de agravo na reforma de 1995". Evidente que o tema ficou bem definido. Se se tivesse escolhido "O recurso de agravo" sem a especificação da reforma, o título seria muito mais abrangente, englobando todas as características do instituto, independentemente dos aspectos trazidos pela reforma.

O tema pode tanto versar sobre assunto atual quanto antigo. Não existe qualquer problema em se fazer uma monografia que trate de assunto que não diga respeito às matérias que você tenha estudado efetivamente na faculdade. Por exemplo, pode-se escolher o tema "O empirismo jurídico no século XIX", sem qualquer problema de aproveitamento na avaliação do trabalho monográfico, ainda que nas cadeiras de introdução ao estudo do direito ou de sociologia geral e jurídica esse assunto não tenha sido abordado.

4. Leis n. 8.950, 8.951, 8.952 e 8.953, todas de 13-12-1994; Lei n. 9.028, de 12-4-1995; Lei n. 9.079, de 14-7-1995; Lei n. 9.139, de 30-11-1995, e Lei n. 9.245, de 26-12-1995.

Nessa questão da busca do tema limitado, uma boa técnica que a auxilia é a da problematização.

Se o estudante consegue submeter o tema a um questionamento adequado, acaba por obter facilmente o resultado almejado, que é sua limitação.

Vejamos em seguida como fazê-lo.

2.3.3.3 A problematização do tema

"Problematizar" o tema tem relação com o desenvolvimento da pesquisa e a elaboração da monografia, o que será visto mais à frente. Porém, o tema em si, também, pode ser problematizado no intuito de se chegar ao resultado querido da limitação. Aliás, diga-se, a propósito, que essa técnica da problematização tem várias funções. Quando falarmos da redação da monografia, por exemplo, a problematização aparecerá como meio de levantar questões para o desenvolvimento da pesquisa e elaboração do texto[5]. Aqui se trata de utilizar a técnica para encontrar a limitação do tema ou checar se ele já está delimitado.

Tornar um assunto problemático é colocá-lo em dúvida, transformando-o num problema. Trata-se da própria constituição de um problema. É uma maneira crítica de verificar todos os ângulos da questão, uma forma de checar todos os matizes que o tema pode apresentar.

O que se fará aqui é, além de ter à mão os advérbios por que, onde e quando, já utilizados, acrescentar como elemento de questionamento um novo advérbio: "como".

---

5. Subitem 6.3.1 *infra*.

Assim, ao ir problematizando o tema, conforme a seguir se expõe, você pode ir retomando as indagações feitas anteriormente, mas agora com uma nova preocupação: como farei?, como pesquisarei? como escreverei?

Esses quatro advérbios serão, então, o melhor companheiro para a definição do tema. Eles estarão sempre à disposição, expressa ou implicitamente, em cada questionamento a ser feito. Vejamos, assim, aspectos da problematização.

Como se faz, de fato, para problematizar o tema?

Após defini-lo, deve-se "submetê-lo" a questões, para verificar se ele resiste a elas. Claro que tais questões são levantadas e respondidas pelo próprio estudante, mas sempre tendo em vista o tema escolhido.

Assim, por exemplo, escolhe-se: "A liberdade". Pergunta-se: liberdade é assunto muito amplo? Resposta: sim. Para falar de liberdade em geral ter-se-á de estudar da filosofia antiga até a filosofia contemporânea, na história em geral, pensar o direito em todas as suas vertentes, além de pensar nas teorias do Estado, na política, ou na psicologia, sociologia etc.

É tema amplo demais. Resolve-se, então, mudá-lo para "A liberdade jurídica". O problema aparentemente resolvido demonstra agora outras facetas. Pergunta-se: "Trata-se de 'liberdade jurídica' universal?", "Que teve vigência em todos os tempos?", "Vale para todas as nações: no ocidente e no oriente?".

Percebe-se, ainda, mais uma vez, que é preciso alterar o tema. Muda-se-o para "A liberdade no direito ocidental do século XX".

Pois bem. Ficou bem mais limitado. Mas resiste a novas questões?

"Fixado o ocidente no século XX, é possível abordar todas as nações em todos os importantes períodos do século, tais como as grandes guerras, os períodos de antes e após a 2ª Guerra Mundial etc.?"

"E não é verdade que durante o século XX a liberdade e o direito variaram de forma muito desuniforme nas diversas nações ocidentais?"

"Se o assunto abrange os povos, os cidadãos das nações, é deles que estamos tratando?"

Ainda não está bom. Muda-se mais uma vez. Desta vez para: "A liberdade de agir diante do sistema jurídico brasileiro".

Estamos quase lá. Restam algumas perguntas e respostas ainda e que talvez, em contato com o interesse do aluno, apontem a solução.

"Estamos falando do sistema jurídico brasileiro. Mas o que é sistema?"

"A questão é da teoria do direito ou do direito constitucional pátrio?" "A liberdade de 'agir diante' é uma anteposição a sistema?"

Resolve-se mudar de novo. Agora para "A liberdade de agir do cidadão na Constituição brasileira de 1988". Chegamos ao tema.

Claro que, na explanação que fizemos, colocamos de propósito um tema genérico e escolhido por matéria ("liberdade") com o intuito de elucidar a questão da problematização. É possível, como se verá, partir desde logo de temas específicos, por áreas restritas, ou mesmo localizados em autores definidos. Por exemplo, "Os embargos de declaração no sistema processual brasileiro" ou "A pureza metodológica na teoria pura do direito de Hans Kelsen".

E, por falar em autores definidos, examine, a seguir, a técnica de escolha de tema a partir de autores.

2.3.4 O tema de autor

Uma alternativa interessante para a busca do tema é procurá-lo a partir de obras de autores conhecidos.

Existem vantagens e desvantagens para essa escolha e que são as seguintes.

Em primeiro lugar, se você resolver escrever sua monografia a partir da obra de algum autor, escolha um já falecido, de preferência há bastante tempo.

É que, se você optar por pesquisar a obra de algum escritor que ainda esteja vivo, na ativa ou não, certos problemas podem surgir.

Pode, por exemplo, acontecer de ele mudar de opinião, o que não é raro, na medida em que se supõe que o autor escolhido continua pesquisando, pensando, produzindo, e talvez a mudança de posição ocorra enquanto você pesquisa.

Outro inconveniente, e que é mais latente no mestrado e no doutorado: o autor pode aparecer para assistir à defesa do trabalho monográfico, e, nesse momento, sua feição de aprovação ou reprovação a respeito do que estiver sendo dito sobre seu pensamento dará, desde logo, um panorama de seu sentimento... Isso se ele não for convidado para integrar a própria banca.

E outro problema está relacionado à pesquisa: é raro encontrar obras comentando trabalhos de autores vivos. Existem, mas não é fácil obtê-las.

Por outro lado, há vantagens na escolha do tema a partir dos trabalhos publicados por certo autor.

A primeira delas está exatamente relacionada à definição do tema. Este, como que naturalmente, aflora com mais facilidade e, praticamente, limitado. Veja-se no exemplo *supra* de Kelsen: ainda que vá dar trabalho ao pesquisador, o tema surge limitado pelo título e de acordo com o escopo do trabalho daquele autor.

Outra vantagem é a oportunidade de, desde o início, limitar o campo de pesquisa. Para ficar com o mesmo exemplo citado de Kelsen: o tema está relacionado a uma obra específica (a *Teoria pura do direito*). Claro que isso não significa que o estudante não vai pesquisar. Não só vai, conforme se verá no Capítulo 5 *infra* (subitem 5.2.6), como terá de ler muitas vezes a obra específica para conhecê-la profundamente.

E mais uma vantagem: ao fixar o tema com base em obra de autor, sempre há a chance de se obter, mediante a pesquisa que se fará, bons comentários a respeito da obra escolhida ou de toda a produção do autor. Isso não só facilita a compreensão do texto estudado como permite que logo de início o estudante vá delimitando o âmbito de seu próprio estudo e trabalho[6].

Com base nisso, pode-se, então, dizer que, na hipótese de opção por tema de autor, você deve preferir o tema em uma obra específica e, também, autor conhecido e desaparecido há bastante tempo (n'outro exemplo: "O conceito de vontade no 'Contrato Social' de J. J. Rousseau").

Naturalmente, não estão excluídos os autores desconhecidos. Até, ao contrário, é salutar que se efetuem pesquisa e trabalho relativamente a tais doutrinadores. Contudo, é mais difícil. Diga-se, porém, que em tese de doutorado essa escolha é bem-vinda.

2.3.5 As fontes de consulta devem estar disponíveis

Pode até ser uma tentação escolher um tema desconhecido, cujo trabalho final venha a causar grande impacto na banca examinadora.

Você pode, por exemplo, estar inclinado a escrever uma monografia cujo tema seja "As violações da Constituição brasileira no período de Dom Pedro II" e, talvez, seja mesmo muito interessante fazê-lo. Contudo, é preciso certificar-se, antes de se decidir pelo assunto, da existência de fontes de consulta que estejam ao seu alcance.

6. E para as leituras existe uma técnica, conforme demonstramos no Capítulo 5 *infra*, citado anteriormente, subitem 5.2.6 ("A ordem da leitura").

Como se verá mais à frente, ao se tratar da pesquisa bibliográfica propriamente dita, uma bibliografia mínima a ser manejada é sempre necessária.

Não se está querendo dizer que você tem de desistir de temas desse tipo ou só escolher temas "batidos", conhecidos. Não. Até ao contrário, é bastante salutar trabalhar com temas ainda não muito explorados. Contudo sua determinação exige que você previamente se certifique da existência das fontes de consulta.

Logo, se estiver interessado em temas desse padrão, vá antes fazer uma pesquisa prévia a respeito. Descubra se existem livros suficientes nas bibliotecas que você pretende frequentar. Se se tratar de pesquisa de campo, na qual você pretenda entrevistar pessoas (p. ex., uma pesquisa sociológica) ou visitar locais (presídios, parlamentos, tribunais), veja antes se será possível fazê-lo. (Siga a orientação descrita no item 3.2 *infra* para superar essa fase do trabalho.)

Na realidade, a verificação prévia da existência do material bibliográfico, da facilidade para seu manuseio, da real possibilidade da elaboração de pesquisas de campo, enfim, a checagem prévia do acesso às fontes é orientação necessária para todos os alunos, a partir da determinação de qualquer tema.

Às vezes, um tema muito óbvio pode apresentar bastante dificuldade para o adequado acesso às fontes. Surpreso, o aluno descobre, depois de ter fixado o tema, que não existe material para sua pesquisa.

Outras vezes, o problema está no local onde o aluno estuda e/ou mora. No Brasil, infelizmente, as boas bibliotecas jurídicas são raras. As escolas – com pouquíssimas exceções – não têm bibliotecas bem montadas, e as bibliotecas públicas ou as dos órgãos ligados ao direito têm, também, acervo incompleto.

Por isso, a determinação do tema exige esse trabalho prévio.

2.4 O TEMA, AFINAL, NÃO PRECISA SER DEFINITIVO

Pode acontecer – e é fato bastante comum – de você ter seguido à risca todas as regras anteriores para a escolha do tema e, satisfeito com a opção, iniciar seu trabalho de pesquisa, mas algum tempo depois, digamos dois ou três meses, chegar à conclusão de que o tema "não é bem aquele". Não há qualquer problema nisso, uma vez que pequenas variações no tema não comprometem de forma alguma o trabalho monográfico. O mais adequado nesse caso é você alterá-lo.

Se isso ocorrer, o seu orientador deve ser informado, mas não deverá opor-se à alteração, já que ela surgiu da necessidade aposta por seu trabalho de pesquisa. Você poderá ter algum tipo de problema de relacionamento com o orientador nesse caso, especialmente se a sua monografia for do tipo com tema indicado. Não desista. Tente convencê-lo de que a mudança do tema, que não será tão grande assim, propiciará a produção de uma monografia melhor. Se o orientador se opuser à alteração, saiba que ele está errado e confunde orientação com imposição de regras de conduta sem sentido. Você está certo. Insista na alteração.

Vejamos um exemplo possível. Vamos supor que você tenha escolhido o tema "As promoções enganosas do comércio varejista".

Depois de ter feito um bom levantamento bibliográfico, ter lido a doutrina que trata do direito do consumidor, ter compreendido bem o que é publicidade e informação enganosas a partir da Lei n. 8.078/90 e ter definido o que seria, então, promoção enganosa no comércio varejista[7], você se depara com um sério problema de campo: não consegue encontrar nenhum caso concreto de violação do

7. Por exemplo, determinado estabelecimento comercial anuncia nos veículos de comunicação, com grande estardalhaço, uma liquidação "pós-balanço" para "queima" total do restante do estoque. Os anúncios atraem centenas de consumidores incautos, que passam a noite na fila, à porta da "loja de fábrica", e acabam levando para casa produtos cujo preço é similar ou até menor nos concorrentes.

Código de Defesa do Consumidor em relação ao tema escolhido. Existem casos. Devem existir, mas você não os encontra. E um trabalho meramente teórico não lhe interessa.

Suponhamos que, por outro lado, na sua pesquisa você acabe encontrando vários casos reais, inclusive com decisões judiciais, de publicidade enganosa praticada pelas construtoras de imóveis: apartamentos oferecidos com uma metragem maior do que realmente têm; casas anunciadas com materiais sanitários de primeira linha e entregues com produto de qualidade inferior; preço oferecido com parcelamento, mas que de fato oculta parcelas intermediárias etc.

Ora, é muito natural você mudar o tema para "A publicidade enganosa praticada na venda de imóveis" ou algo similar. Não haveria qualquer mudança do conteúdo, já que a base jurídico-doutrinária é a mesma, e a ligeira variação do tema significaria, efetivamente, uma guinada na direção da produção de uma monografia mais bem-feita e completa, inclusive fundada em casos reais e decisões judiciais.

2.5 O TEMA INDICADO

Não resta dúvida de que o tema deve ser escolhido pelo aluno. Evidentemente a escolha pode e deve ser orientada por um professor, que deverá ser seu orientador.

Mas pode acontecer de o professor indicar um tema ao aluno ou, ainda, indicar vários temas para um grupo específico de alunos, que devem, então, extrair deles, individualmente, o seu tema.

O tema indicado nem sempre é a melhor alternativa didática e metodológica, pelo simples fato de que a opção do aluno tem de levar em consideração toda aquela série de circunstâncias anteriormente descrita no item 2.3.

Pode acontecer, porém, de, apesar do tema ser indicado, ainda assim ele se enquadrar nas exigências metodológicas para sua determinação. Nessa hipótese, claro, não há qualquer problema, porque o aluno não está prejudicado.

Por outro lado, se a indicação acabar não preenchendo os requisitos fundamentais para que o trabalho monográfico possa ser bem elaborado, pode o aluno solicitar a alteração do tema e sugerir aquele que entende mais adequado. Esse é o melhor modo de começar uma pesquisa.

Pode acontecer também de o professor não se sentir à vontade ou capacitado para orientar tema fora de sua área de especialidade. Nesse caso, então, o aluno terá a incumbência de encontrar outro professor que o oriente, e/ou a escola de designá-lo.

3

O tipo de monografia

Apresentaremos neste capítulo três tipos possíveis de monografia. Eles são os mais comuns, mas nada impede a utilização de qualquer outro, desde que os critérios levantados atinjam os mesmos objetivos que serão narrados.

Ver-se-á que, embora tratemos os tipos separadamente, tal iniciativa tem apenas um caráter didático, para deixar a explanação mais acessível e elucidar os aspectos principais de cada um. Eles funcionam, diríamos, para utilizar uma imagem conhecida, como tipos ideais[1].

Em vários momentos, os três modelos tenderão a se combinar (os três em conjunto ou apenas dois) durante a realização concreta do trabalho monográfico: no estabelecimento das premissas de

1. Tipo ideal é uma abstração utilizada como paradigma para explicar uma realidade concreta. Ele funciona como um mapa: não se confunde com a realidade, mas serve de instrumento para sua explicação. Ver, a respeito da noção de tipo ideal, Max Weber, **Economía y sociedad**. México: Fondo de Cultura Económica, s/d, p. 706 e 1057.

trabalho, nas pesquisas, no momento da elaboração teórica, no estabelecimento das conclusões etc.

3.1 MONOGRAFIA DE COMPILAÇÃO

O trabalho de compilação consiste na exposição do pensamento dos vários autores que escreveram sobre o tema escolhido. Nesse tipo de monografia o estudante tem de demonstrar que examinou o maior número possível de obras publicadas sobre o assunto versado, sendo capaz de organizar as várias opiniões, antepô-las logicamente, quando se apresentam antagônicas, harmonizar os pontos de vista existentes na mesma direção, enfim, tem de ser capaz de apresentar um panorama das várias posições, de maneira clara e didática[2]. Deve, também, o estudante dar sua opinião sobre os pontos relevantes, bem como suas conclusões.

Um trabalho de compilação adequado nasce de uma bem elaborada pesquisa. Na área jurídica esse trabalho é comum. Porém, existem boas e más compilações.

Uma coisa é reunir todos os textos escritos a respeito de um tema e, após a leitura, elencá-los, organizá-los, agrupá-los, apresentando-os num todo coeso e inteligível. Outra, muito diferente, é tomar algumas obras publicadas dentre muitas e apresentá-las como uma compilação.

Compilar envolve vários riscos. O perigo mais evidente para a elaboração de uma compilação é o da necessidade de se pesquisar o maior número possível de obras publicadas sobre o assunto escolhido. Imagine a dificuldade em que se encontrará o candidato, diante da banca, se um dos membros publicou um texto ou livro sobre o

2. Conf. o pensamento de Umberto Eco a respeito de compilação: **Como se faz uma tese**, p. 3.

tema da monografia, mas por algum motivo particular o aluno não citou tal obra.

Quem quiser então se utilizar do método da compilação tem de reforçar sua pesquisa da bibliografia e, de fato, esforçar-se para ter em mãos, para posterior utilização, a maior quantidade possível de textos publicados sobre o tema escolhido[3].

Uma verdadeira compilação impõe, portanto, riscos e exige tempo e muita dedicação do estudante. De qualquer maneira, na área jurídica é comum e aceitável, quando se trata de monografia de graduação, a elaboração de trabalhos em que são apresentadas as opiniões de alguns autores escolhidos por critérios unicamente individuais e acertados com o orientador, dentre os quais se destacam a acessibilidade da documentação publicada para pesquisa, o tempo para realização desta, preferências pessoais por certos autores etc. Até fatores econômicos, como, por exemplo, o custo da aquisição de livros, podem dificultar a pesquisa, o que justifica um menor levantamento bibliográfico.

Na área jurídica existe ainda uma outra peculiaridade no que respeita aos trabalhos voltados à jurisprudência.

Primeiramente, diga-se, num trabalho de compilação de tema escolhido dentre as cadeiras chamadas dogmáticas, é sempre recomendável que a pesquisa inclua decisões judiciais discutindo o assunto. Logo, a jurisprudência será sempre uma companheira da doutrina, ao menos naquilo que diga respeito a "temas dogmáticos".

E, da mesma maneira que as opiniões doutrinárias são colhidas nos livros publicados, as decisões judiciais no ato da pesquisa também o são[4]. Como é sabido, as decisões judiciais dos tribunais brasi-

---

3. Sobre a maneira de fazer a pesquisa bibliográfica, ler o Capítulo 4 *infra*, item 4.3.
4. A pesquisa de jurisprudência pode, também, eventualmente, ser feita nos cartórios das varas, câmaras, juntas etc., compulsando-se diretamente os autos dos processos. Ver a respeito de pesquisa de campo de jurisprudência o item 3.2.

leiros são regularmente publicadas nas chamadas "revistas de jurisprudência"[5]. Além disso, vários autores organizam obras por temas, compilando decisões judiciais, comentando-as, organizando-as por subtemas, artigos de lei etc., tudo visando fornecer material prático para o profissional do direito e que o estudante pode aproveitar[6].

A própria legislação é, por sua vez, publicada em livros que trazem organização, artigo por artigo, de material jurisprudencial e doutrinário, fruto do trabalho de pesquisa de seus autores[7].

Dessa forma, mesmo um trabalho que esteja voltado basicamente à jurisprudência pode ser elaborado nos mesmos moldes de pesquisa bibliográfica exigido na compilação. Isso porque é possível pesquisar decisões judiciais a partir dos textos publicados nas revistas de jurisprudência.

É verdade que tanto na doutrina quanto na jurisprudência é possível fazer monografia de pesquisa[8]. Muito mais na jurisprudência, uma vez que o material de pesquisa é vasto e acessível. Na doutrina, o esforço seria maior, uma vez que dependeria de entrevista com os juristas. De qualquer maneira, se o aluno optar por fazer uma monografia de pesquisa na área da jurisprudência, ainda assim não poderá deixar de examinar e levar em consideração as revistas de jurisprudência e as compilações jurisprudenciais elaboradas pelos vários autores.

Vejamos, a seguir, quadro sinótico relativo à monografia de compilação.

---

5. Ver no Apêndice a relação das principais revistas brasileiras de jurisprudência.
6. Ver, por exemplo, o nosso **Código de Defesa do Consumidor e sua interpretação jurisprudencial**. São Paulo: Saraiva, 1997.
7. Ver, por exemplo, Theotonio Negrão, **Código Civil e legislação civil em vigor**. 14ª ed., São Paulo: Saraiva, 1995.
8. Sobre monografia de pesquisa, ver item 3.2.

Monografia de compilação

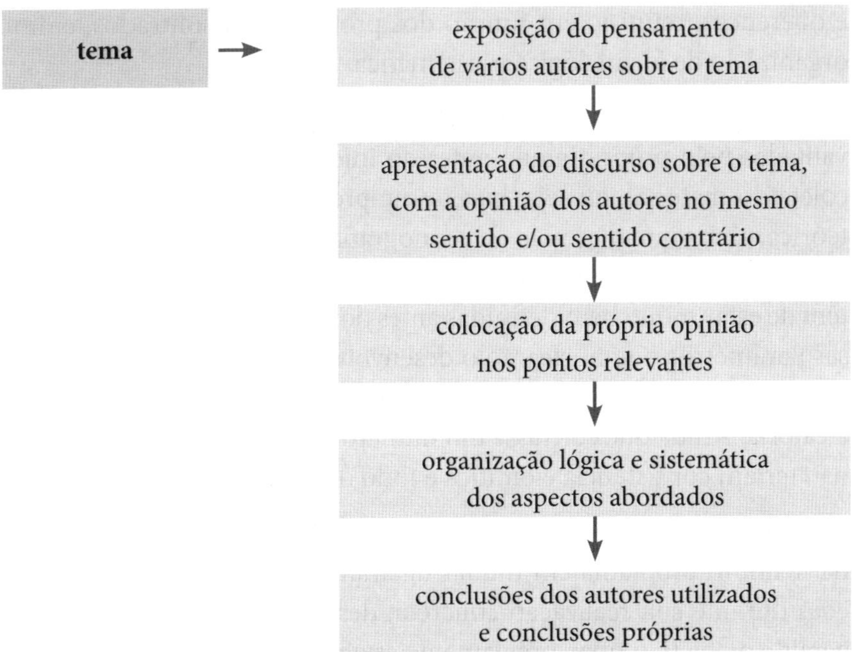

3.2 MONOGRAFIA DE PESQUISA DE CAMPO

Em primeiro lugar, é importante dizer que a palavra "pesquisa" utilizada até aqui no texto tinha um sentido amplo de pesquisa em geral: investigação de textos, exame de livros, pesquisa bibliográfica etc. O sentido, pois, era o de um enfoque geral que incluía, até mesmo, o próprio aspecto estrito de pesquisa de campo, na qual a investigação do estudante não está restrita aos aspectos teóricos publicados em textos. Ao contrário, a ênfase dar-se-á nos dados concretos.

Com efeito, a pesquisa de campo é uma pesquisa empírica. Realiza-se pela observação que o aluno faz diretamente dos fatos ou pela indagação concreta das pessoas envolvidas e interessadas no tema objeto do estudo. Será também de campo a pesquisa de documentos históricos, a experimental, a clínica etc.

Após a elaboração do trabalho de campo, cabe ao investigador organizar o material colhido: agrupá-lo e separá-lo por semelhanças e diferenças, reuni-lo em função dos problemas encontrados, enfim, organizá-lo de forma lógica e sistemática.

A organização desse material, claro, dependerá das premissas levantadas pelo próprio aluno antes do início dos trabalhos, durante a coleta do material; ou seja, haverá sempre necessidade de elaboração teórica, ainda que o projeto da monografia seja o de pesquisa de campo. A base é sempre teórica. As premissas para a coleta do material têm de estar muito bem definidas antes do início dos trabalhos. São esses parâmetros que nortearão o desenvolvimento efetivo da pesquisa. O estudante não pode sair a campo, buscando informações, de forma aleatória. Ainda que coletasse um número muito grande de dados, eles não teriam consistência científica e todo o trabalho pôr-se-ia a perder.

Por outro lado, premissas não precisam "engessar" a pesquisa. Não há nenhum problema em mudar ligeiramente o rumo das investigações durante sua realização concreta, desde que os parâmetros mais gerais e o objetivo final, previamente estabelecido, sejam respeitados.

Assim, por exemplo, o aluno opta por elaborar uma pesquisa na área da sociologia jurídica com o tema "O acesso à justiça".

Define certas premissas para seu trabalho. Levanta hipóteses: as pessoas de baixa renda não têm o acesso à justiça assegurado, ou as pessoas de baixo e de pouco nível de escolaridade não têm o acesso à justiça assegurado.

Tais hipóteses de trabalho podem ter sido extraídas de obras doutrinárias ou de pesquisas anteriormente feitas e publicadas. Aliás, nada impede que o aluno tome uma pesquisa já realizada e a atualize, utilizando-se, inclusive, das mesmas premissas da pesquisa anterior, mas desde que haja entre as duas um razoável período de tempo e exista, também, séria desconfiança de que as condições reais nas quais a pesquisa anterior se baseou se alteraram. Caso contrário, esse trabalho não teria sentido como monografia de pesquisa: seria mera repetição e constataria os mesmos fatos e conclusões.

Poder-se-ia, ainda, utilizar a pesquisa anterior para colocar em xeque seus resultados. A hipótese é arriscada, mas válida. O aluno pode desconfiar de que o pesquisador errou e quer fazer a prova. Nesse caso a pesquisa anterior e suas premissas seriam utilizadas como parâmetro para elaboração da nova, mas especialmente voltada para a demonstração dos erros. Tais vícios poderiam estar estabelecidos tanto nas hipóteses para a investigação quanto na coleta do material de campo, ou, ainda, nas conclusões extraídas da pesquisa realizada. Logo, exigir-se-ia um duplo trabalho do aluno: o de buscar dados novos e o de compará-los com os anteriores com a atenção sempre direcionada para os acertos e os erros.

Voltando ao exemplo da questão do acesso à justiça, uma vez que o estudante definiu como premissa para seu trabalho a hipótese de que as pessoas de baixa renda e/ou baixa escolaridade não têm assegurado acesso à justiça, será preciso que a coleta do material seja feita junto às pessoas que pertencem a essa camada da população, mas, também, simultaneamente, será necessário que se faça o mesmo tipo de investigação junto às pessoas que pertençam à camada das faixas de alta renda e alto nível de escolaridade, pois, se apenas as faixas de população de baixa renda e baixa escolaridade forem consideradas, a conclusão poderá ser que, de fato, elas não têm garantido o seu acesso à justiça. Porém, nada prova que as faixas de população de alta renda e alta escolaridade o têm.

Assim, toda divisão de áreas, pessoas, fatos a serem investigados etc., é parte de um todo. A não ser a hipótese do todo homogêneo, sempre que se for pesquisar partes heterogêneas de um todo complexo será preciso considerar as amostras possíveis desse todo. E não se deve esquecer nunca de que, quando se está lidando com pessoas reais, coletando-se dados efetivamente vivenciados, todas as variantes concretas devem ser levadas em conta, bem como os fatores condicionantes envolvidos, meio cultural geral, necessidades específicas etc.

Os métodos estatísticos têm de ser utilizados para elaboração da pesquisa. Mas, ainda que abstrações possam ser feitas pelo investigador, especialmente após o trabalho final de organização dos dados no momento da elaboração das conclusões, não se pode esquecer de que o gênero humano considerado na sua individualidade concreta é único e avesso às generalizações.

Continuando com o exemplo, ao final da organização dos dados levantados, o aluno irá elaborar o arranjo teórico. Fará comparações, extrairá semelhanças e diferenças, tirará ilações dos fatos investigados e as comparará com as novas premissas. Tudo fixado tendo por base as hipóteses iniciais de pesquisa e os dados coletados. Daí extrairá suas conclusões, confirmando ou rejeitando as hipóteses iniciais ou simplesmente afirmando o resultado do trabalho a que se propôs (no caso da premissa inicial ter sido apenas a da pesquisa em si, sem hipótese prévia de resultado a concluir).

O tema do exemplo foi colocado apenas como meio para elucidação da maneira de se elaborar a pesquisa. Ele poderia ser – e, talvez, mais propriamente – "O acesso à justiça após o advento da Lei dos Juizados Especiais Cíveis" ou, mais precisa e delimitadamente, "O acesso à justiça após o advento da Lei n. 9.099 de 26-9-1995" etc.

Vê-se, também, que não há um desligamento absoluto das duas formas aqui já tratadas para elaborar a monografia: compilação e pesquisa de campo. Elas podem estar interligadas. Dependem apenas do projeto de trabalho[9].

Para concluir esse ponto, diga-se que, no que respeita à pesquisa de jurisprudência, ela tanto pode ser feita na forma de compilação, conforme já esclarecido no item anterior, quanto pode ser elaborada através de típica pesquisa de campo. Neste caso, o desenvolvimento do trabalho dar-se-á no levantamento dos atos diretamente das salas de audiências, assistindo-se aos julgamentos concretos feitos por juízes singulares, Tribunais de Júri, Câmara dos Tribunais Superiores etc., ou, também, no trabalho de pesquisa nos cartórios dos fóruns, com a

9. Ver-se-á, ainda, após a leitura do item 3.3, que os três tipos de monografia tratados podem estar ligados num único texto.

leitura dos autos dos processos julgados e não publicados em revistas de jurisprudência, especialmente em primeira instância, ou, ainda, no trabalho de investigação dos autos do processo quando, por exemplo, a pesquisa versar sobre o levantamento de dados a respeito de certos atos processuais (concessão de liminares, extinção das ações sem julgamento do mérito etc.) ou do tempo gasto com a realização dos atos (quanto demora certo tipo de ação, quanto tempo é gasto para chegar-se à sentença em determinados procedimentos etc.). São, pois, casos de típica pesquisa de campo.

Vejamos quadro sinótico relativo à monografia de pesquisa de campo.

Monografia de pesquisa de campo

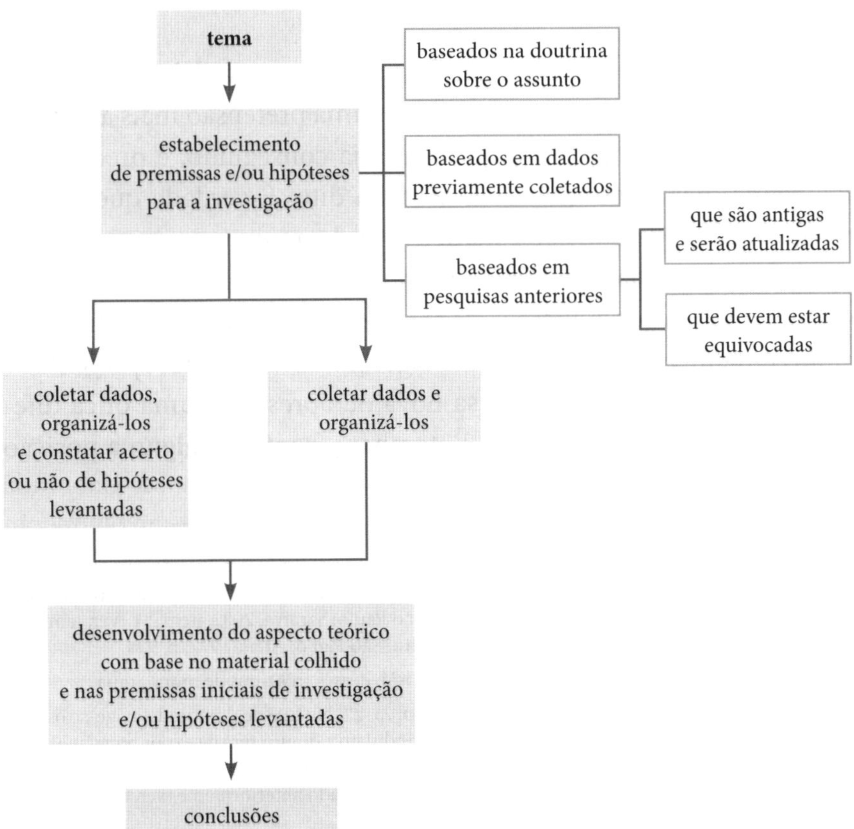

3.3 MONOGRAFIA "CIENTÍFICA"

No próprio título deste item já consignamos o constrangimento do termo científico utilizado, adotando as aspas. Tem-se de, mais outra vez, preliminarmente, falar do termo utilizado.

No caso da monografia de avaliação do curso de graduação, é normal designá-la como trabalho científico sem preocupação com o real sentido do termo "científico". De fato, a designação de um trabalho como científico diz mais respeito ao método amplamente aceito, através do qual ele é feito, do que, propriamente, ao significado da palavra de origem, ciência. Não iremos, neste texto, discutir o conceito de ciência[10]. Porém, necessitamos consignar que qualquer dos três tipos de monografia abordados pode ser chamado de trabalho ou monografia científica[11].

O trabalho de cunho científico tem de ser útil à comunidade científica à qual se dirige, bem como, numa pretensão mais alargada, a toda a comunidade. Para que isso seja conseguido, é preciso que ele venha dizer algo que ainda não foi dito. É verdade que não se pode esquecer de que não estamos falando aqui numa originalidade total de tema, uma vez que é possível afirmar-se, hoje, a respeito de qualquer tema, que alguém já deve ter escrito alguma coisa, direta ou indiretamente, ligada a ele. Dizer algo que ainda não foi apresentado é conseguir trazer alguma coisa nova ou apresentar uma ótica diferente daquilo que já foi dito[12]. É, também, contestar alguma posição anterior.

---

10. Para uma averiguação do sentido da palavra "ciência", ver o nosso **Manual de introdução ao estudo do direito**. 4. ed. rev. ampl. e atual., São Paulo: Saraiva, 2002, item 2.1. Ver, também, Tercio Sampaio Ferraz Jr., **A ciência do direito**. São Paulo: Atlas, 1977, p. 9 ss.
11. Conf. o início do Capítulo 3 *retro* sobre a divisão desses três tipos de monografia.
12. Conf. Umberto Eco, **Como se faz uma tese**, p. 21-22. Na tese de doutorado exige-se o traço da originalidade. É um momento em que o candidato a doutor terá de expor tema que ainda não tenha sido tratado em outro trabalho científico. Ou, pelo menos, contribuir originalmente com algum aspecto essencial de assunto abordado anteriormente (ver, a respeito, a 2ª Parte deste livro, Capítulo 5).

Será científica, ainda, a monografia se, encontrando motivos plausíveis para pôr em dúvida um trabalho anterior, coloca-o em xeque, refazendo totalmente sua trajetória de pesquisa. Nesse caso, ao final da investigação, terá sido obtida uma dessas duas alternativas: descobrimento de algo novo e demonstração de erro da pesquisa anterior ou confirmação do que já havia sido descoberto e, portanto, corroboração das conclusões do trabalho anterior. Em ambos os casos, a monografia será científica, uma vez que a cientificidade aqui está no colocar legitimamente em dúvida a pesquisa anterior, percorrer seu método de trabalho, checando-o constantemente e alterando ou confirmando suas conclusões.

Vê-se, apenas por essas características iniciais, que a monografia de pesquisa de campo pode evidentemente ser científica. Já a de compilação não, uma vez que nada acrescenta de novo. A única alternativa para que uma monografia de compilação tenha um caráter científico é ela compilar todos os livros, textos e autores que tratam do assunto até certo momento, de tal forma que o resultado do trabalho se torne útil aos demais investigadores. Não é um trabalho impossível, mas demasiado longo e arriscado.

Outra característica da monografia científica, e que pode aparecer na de pesquisa de campo, é a da sua teorização prévia com a colocação do problema ou problemas e as hipóteses com as quais se irá trabalhar para tentar resolvê-los.

O levantamento de problema ou problemas é peça-chave na elaboração do trabalho de cunho científico[13]. É necessário que o estudante elabore questões que pretende solucionar no desencadeamento da investigação que irá fazer.

13. Não confundir esse levantamento de problemas com a problematização do tema, tratada no item 2.3.3 *retro*, subitem 2.3.3.3. Lá se trata apenas da busca de definição e delimitação do tema a ser investigado.

O aluno pode levar em consideração questões-problema que já foram formuladas por outros investigadores, porém não foram solucionadas, ou que tiveram a solução apresentada de forma insatisfatória. Pode, ainda, o estudante considerar que as questões-problema anteriormente formuladas pelos outros tiveram solução com a qual ele não concorda, razão por que as está levantando novamente.

Note-se que as premissas que apresentam as questões-problema delimitam o campo de investigação de tal forma que o trabalho terá de se desenvolver dentro do quadro por elas traçado no início. Aliás, uma maneira de averiguar a adequação da monografia é, exatamente, sempre aferir, ao final do trabalho, se as questões iniciais foram respondidas, a partir de um texto desenvolvido de maneira coerente e alinhado com elas. (Responder às questões não implica solucionar o problema; por vezes, será apenas constatar a ausência de solução, porém, após o término da investigação formulada logicamente.)

Após a formulação do(s) problema(s), o investigador deve apresentar as hipóteses através das quais pretende solucioná-lo(s). Dirá como a investigação se desenvolverá e como pretenderá comprovar as hipóteses. Ao final da investigação irá concluir pela solução ou não do(s) problema(s) levantado(s).

O desenvolvimento da monografia dar-se-á, então, numa ordem lógica – e que será acompanhada ou advirá da ordem cronológica da investigação –, a saber:

a) primeiramente relatar-se-á o assunto a ser tratado;

b) logo a seguir será(ão) formulado(s) o(s) problema(s);

c) depois formular-se-á(ão) a(s) hipótese(s) através da(s) qual(is) o(s) problema(s) será(ão) solucionado(s);

d) a pesquisa será então desenvolvida:

d.1) pesquisa empírica de campo; e/ou

d.2) elaboração da argumentação com vistas ao desenvolvimento da teoria capaz de comprovar a(s) hipótese(s);

e) ao final dos trabalhos a(s) conclusão(ões) terá(ão) demonstrado:

e.1) que a(s) hipótese(s) estava(m) adequada(s) e, portanto, o(s) problema(s) está(ão) solucionado(s); ou

e.2) a(s) hipótese(s) não se confirmou(aram) e o(s) problema(s) continua(m) sem solução.

Em ambos os casos da conclusão o trabalho terá atingido sua finalidade, pois, mesmo não solucionando o(s) problema(s) levantado(s), a pesquisa se fez completa e será útil aos futuros investigadores, que a tomarão como guia para refazê-la ou rejeitá-la.

Vejamos o quadro sinótico relativo à monografia científica.

Monografia científica

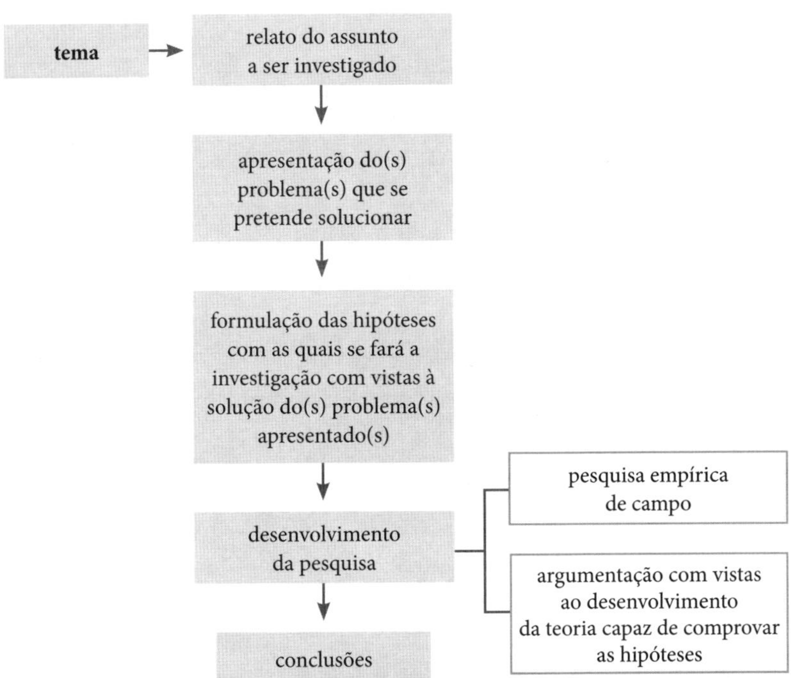

4

A monografia: início das tarefas

Após a escolha e determinação do tema, inicia-se a fase de pesquisa para a elaboração do trabalho. Vejamos os novos passos a serem dados.

4.1 O "ESQUELETO"

Quando abrimos qualquer trabalho monográfico, seja de graduação, seja de pós-graduação, ou mesmo quando viramos a capa de qualquer livro jurídico, a primeira coisa que encontramos é o índice ou sumário[1]. Como se verá no Capítulo 6 *infra*, item 6.7, o sumário tem como função indicar ao leitor as principais divisões do texto: partes, capítulos, itens, subitens, parágrafos etc.

Como o sumário depende necessariamente do texto estar pronto e acabado – digitado do começo ao fim –, ele tem de ser feito ao final, após a introdução[2].

1. Algumas editoras colocam-no no final, o que não é o mais adequado.
2. Ver detalhes específicos sobre o sumário e a introdução no Capítulo 6 *infra* (itens 6.7 e 6.2, respectivamente).

Todavia, a utilização de um "sumário prévio", isto é, a feitura de um sumário antes da redação do texto, antes mesmo do início da própria pesquisa bibliográfica, é de grande utilidade para a realização do trabalho monográfico.

Como esse sumário antecipado tem uma função específica, vamos apelidá-lo aqui de "esqueleto". Ele funcionará como a espinha dorsal inicial (que se alterará) do corpo a ser construído.

O esqueleto é, na verdade, um guia de orientação para o investigador, funcionando como um roteiro do caminho a ser seguido.

Outrossim, é provisório, mas deve apresentar características que apontarão uma pretensão de tornar-se definitivo. Sua organização deve ser séria a ponto de parecer definitiva. Certamente ele se alterará no decurso das investigações. Aliás, essa é uma de suas funções subsidiárias: permitir-se ser modificado.

A elaboração do esqueleto é um item importante para a realização da monografia. Vejamos como fazê-lo.

Escolhido o tema, você terá um mínimo de conhecimento sobre a matéria que ele versa, pois terá cumprido as metas fixadas para sua determinação (conforme descrito no Capítulo 2 *retro*). Para a determinação do tema você poderá ter feito uma pesquisa prévia em livros ou poderá ter-se guiado apenas pelo conhecimento que adquiriu durante o curso ou, ainda, o que é o mais comum, pode ter-se pautado nos dois caminhos. Sendo assim, uma alternativa válida para a determinação da composição do esqueleto é você guiar-se pelo sumário dos livros consultados.

Com base nas indicações dos outros livros – capítulos, itens, subitens, parágrafos –, você montará o seu próprio sumário. Claro que você terá de usar a imaginação. Mas faça-o com seriedade. Tem de conjecturar como é que deveria ser a sequência do trabalho, capítulo por capítulo. Faça e refaça o esqueleto até se convencer de que encontrou o ideal.

Esse esqueleto será seu guia para tudo: pesquisa bibliográfica, leitura de textos e principalmente redação do texto da monografia. Será nesse momento que você perceberá sua importância. A escritura organizada será feita inicialmente a partir do esqueleto, o que lhe dará várias alternativas para a elaboração do texto, com amplo controle do conteúdo. Você procurará desenvolver a redação na mesma ordem do esqueleto, com as seguintes variáveis, dentre outras:

a) poderá, já antes de iniciar a redação, alterar a própria indicação dos temas do esqueleto, em função das pesquisas e leituras empreendidas;

b) poderá, caso se sinta inspirado ou mais preparado para tal, escrever antes um capítulo que aparece depois na ordem do esqueleto;

Repare na importância desse item.

Não há nenhum problema em você escrever, antes de qualquer coisa, por exemplo, o item 7.3 e deixar os demais itens, inclusive os anteriores, para escrever depois. É muito natural que o estudante fique ou já esteja entusiasmado com um ponto específico do trabalho, e essa inspiração não só não pode ser jogada fora, como deve ser aproveitada imediatamente, aliás, antes que passe[3].

Se o aluno, por exemplo, define como tema "A publicidade enganosa praticada pela indústria de cosméticos na mídia impressa, após o advento da Lei n. 8.078/90", é compreensível que ele queira logo concentrar os anúncios enganosos que, por acaso, ele tenha em mãos.

Acontece que, na ordem do trabalho, os comentários sobre a publicidade enganosa encontrada na pesquisa só virão ao final, com certeza após a metade do texto. Então, ele aproveitará a energia criativa e escreverá os itens finais antes[4].

3. É o que também mostramos no subitem 6.3.2 *infra*.

4. Somente a conclusão e a introdução devem ser deixadas para o final. Ver, a respeito, itens 6.2 e 6.4 *infra*.

Claro que, quando for passar a limpo todo o texto, o estudante irá reler os itens escritos fora da ordem para enquadrá-los adequadamente e terá oportunidade, inclusive, de fazer referências aos itens que vêm depois, usando o próprio texto ("conforme demonstraremos no item 7.3 *infra*...") ou notas de rodapé ("consulte-se o item 7.3 *infra*"; "conf. o item 7.3 *infra*"; "conforme o demonstramos no item 7.3 *infra*" etc.).

Com isso, o texto final fica mais bem escrito e não apresentará os defeitos de vários textos que só fazem referência aos itens anteriores ("conf. *retro*..."; "ver *supra*..."; "consulte-se acima..." etc.[5]);

c) poderá já ir fazendo remissões[6] aos capítulos posteriores enquanto escreve os anteriores, já que o esqueleto propiciará um panorama geral da monografia;

d) poderá mudar nomes dos temas, criar capítulos novos, suprimir itens etc., no exato momento em que isso se mostrar necessário, como reflexo do texto que está sendo escrito;

e) poderá intercalar capítulos ou fundi-los, também, assim que o texto apontar ser necessário.

Com a ajuda do computador essas alterações tornam-se, inclusive, limpas, dinâmicas e fáceis de serem feitas e manejadas.

Vejamos um exemplo do funcionamento do esqueleto provisório. O tema escolhido foi "O tratado internacional em face da Constituição Federal"[7]. Compulsando uma dissertação de mestrado[8] ou alguma obra publicada, você poderia elaborar o seguinte esqueleto:

---

5. Não esquecer que o texto é escrito para o leitor e, por isso, quanto mais indicações precisas tiver, especialmente do que ainda virá ("*infra*"), mais clara e fácil ficará a comunicação. Ver, a respeito da redação, o Capítulo 6 *infra*, especialmente a esse propósito de comunicação com o leitor, o item 6.2.

6. Que serão, obrigatoriamente, revistas na redação final (conf. Capítulo 7).

7. Esse tema e o sumário foram extraídos da dissertação com a qual Marcos Elidius Michelli de Almeida obteve o título de Mestre em Direito pela PUC/SP em 1995. O sumário original foi aqui alterado, para que se pudesse atingir o objetivo didático a que o texto se propõe.

8. Como é o caso. Ver nota anterior.

1. DEFINIÇÃO DE TRATADO INTERNACIONAL
2. CLASSIFICAÇÃO DOS TRATADOS
   - 2.1 Quanto ao Número de Partes
     - 2.1.1 Tratado bilateral
     - 2.1.2 Tratado multilateral
   - 2.2 Quanto ao Procedimento
     - 2.2.1 Procedimento breve
     - 2.2.2 Acordo executivo
   - 2.3 Quanto à Natureza das Normas
     - 2.3.1 Tratados contratuais
     - 2.3.2 Tratados normativos
3. PARTE CONTRATANTE SEGUNDO A CONSTITUIÇÃO FEDERAL
   - 3.1 República
   - 3.2 Federação
   - 3.3 A Parte Contratante nas Constituições Anteriores
   - 3.4 O Presidente da República
4. INCORPORAÇÃO DO TRATADO PELO ORDENAMENTO JURÍDICO INTERNO
   - 4.1 A Ratificação
   - 4.2 O Decreto Legislativo
   - 4.3 O Decreto
   - 4.4 A Publicidade Oficial no Brasil
5. CONFLITO ENTRE TRATADOS E NORMAS INTERNAS
6. TRATADOS INTERNACIONAIS E O ARTIGO 5º DA CONSTITUIÇÃO FEDERAL
7. A QUESTÃO DA ACEITAÇÃO DOS TRATADOS
   - 7.1 As Reservas
   - 7.2 As Emendas

De posse do esqueleto você pesquisa; no desenvolvimento desta ou no momento da redação do texto, descobre que não pode elaborar seu trabalho sem tratar das teorias monista e dualista relativas aos tratados internacionais. Resolve, então, inseri-las. Elabora o seguinte capítulo:

X. A Questão Monista e Dualista
X.1 A Teoria Monista
X.2 A Teoria Dualista
X.3 A Teoria Adotada pela Constituição Brasileira

Examina o esqueleto e percebe que pode inserir esse novo capítulo antes do segundo (Classificação dos Tratados) ou após o terceiro (Parte Contratante segundo a Constituição Federal).

Investigando mais o assunto, você se dá conta de que a doutrina diz que o decreto do Presidente da República, que dá publicidade do teor do tratado internacional incorporado pelo decreto legislativo emanado do Congresso Nacional, não é reclamado constitucionalmente, tratando-se de praxe, com tradição histórica que remonta ao tempo do Império. Resolve, então, ampliar o teor do Capítulo 4 (Incorporação do Tratado pelo Ordenamento Jurídico Interno) e cria os seguintes subitens a serem acrescidos no item 4.4:

4.4 A Publicidade Oficial no Brasil
4.4.1 Na Constituição de 1824
4.4.2 Na Constituição de 1891
4.4.3 Na Constituição de 1934
4.4.4 Na Constituição de 1937
4.4.5 Na Constituição de 1946
4.4.6 Na Constituição de 1967
4.4.7 Na Constituição de 1988

Vê-se, assim, pelo exemplo[9], como o esqueleto é importante e útil na construção do próprio texto da monografia.

4.2 A BIBLIOGRAFIA - REFERÊNCIAS

Com o esqueleto na mão, chega a fase da preparação da bibliografia, atualmente intitulada "referências".

Você começará com uma bibliografia mínima, construída a partir dos livros que consultou para decidir-se pelo tema e mediante a anotação da própria bibliografia que é apresentada nesses livros. Ela será complementada no próprio transcurso da pesquisa bibliográfica e, também, posteriormente, durante as leituras dos textos selecionados.

Você deve sair de casa rumo às bibliotecas e/ou livrarias com a bibliografia mínima preestabelecida. Ou, então, caso isso não seja possível, a primeira coisa que você fará quando chegar à biblioteca será elaborar essa bibliografia mínima.

Copie os dados fundamentais, uma vez que eles são necessários para que o livro seja encontrado. Anote o nome completo do autor, o título inteiro da obra (título e subtítulo, se houver), a edição, a cidade onde a obra foi editada, a editora e o ano da publicação.

4.3 A PESQUISA BIBLIOGRÁFICA

De posse da bibliografia mínima, ou mesmo sem ela, começa a fase da pesquisa bibliográfica propriamente dita.

Claro que a fonte mais evidente é a própria bibliografia mínima e a busca das bibliografias que aparecem nos livros já anotados.

9. Na dissertação de mestrado citada na nota 37 e que serviu de base à explanação, todos os capítulos e itens citados já estavam inseridos.

Por certo você conseguirá engrossar bastante a relação de títulos e autores.

Mas isso nem sempre se mostra suficiente, pois:

a) pode acontecer que após a leitura e fichamento você descubra que aquelas obras não servem; ou

b) pode acontecer dos livros que você conseguiu relacionar serem em número insuficiente para elaboração do trabalho; ou, ainda,

c) de você não ter bibliografia mínima.

Nessas três hipóteses, você não escapará da pesquisa. Aliás, aconselha-se que você a faça de qualquer maneira, ainda que esteja satisfeito com os textos encontrados. Nunca se sabe se a verdadeira preciosidade que você procurava não estava ali a seu alcance e bastava uma ligeira olhadela.

As pesquisas podem ser feitas pelo nome do autor, se o trabalho versar sobre a obra de algum jurista, ou pelo tema. Em ambos os casos algumas cautelas devem ser tomadas.

Digamos que o tema de seu trabalho seja "A teoria da norma jurídica de Tercio Sampaio Ferraz Jr.". Evidentemente, a primeira coisa que você fará será adquirir o livro do mestre escolhido[10]. Depois, as obras mais recentes do próprio professor Tercio, nas quais você deve procurar, na listagem das obras por ele produzidas, a existência de alguma que trate do mesmo tema ou que pelo menos dê indícios de que trate[11].

De posse dos livros, será feita a leitura, ainda que apenas superficial, especialmente dos sumários, para anotar conceitos e temas

10. **Teoria da norma jurídica**. 2ª ed., Rio de Janeiro: Forense, 1986.

11. Para ficar apenas com um exemplo, teria de adquirir o livro **Introdução ao estudo do direito**. 2ª ed., São Paulo: Atlas, 1994.

que serão utilizados para a pesquisa bibliográfica. Contudo, aqui é necessário um parêntese: quando se opta por tema como o citado, isto é, quando se vai falar de certo pensamento ou de certa obra de um autor, o investigador tem de necessariamente tê-la lido e tem de conhecer, ainda nesta fase da pesquisa, a obra ou o pensamento do autor a ser estudado, mesmo que esse conhecimento não seja o mais profundo que se possa obter nessa fase dos trabalhos. Esse conhecimento por certo gerará temas que servirão de base para a pesquisa bibliográfica.

Na pesquisa bibliográfica, portanto, independentemente do tema escolhido, o estudante não escapa de ter de procurar por obras a partir de conceitos eleitos. Ou, dizendo de outra maneira, a pesquisa na biblioteca sempre incluirá a busca de livros a partir de certas palavras escolhidas previamente, bem como de outras que surgirão dessa própria busca.

Assim, tomando ainda o exemplo do tema relativo ao professor Tercio Sampaio Ferraz Jr., investigando a obra *Teoria da norma jurídica* você elencará uma série de nomes de autores e obras que deverá conhecer: são os textos que ele investigou e dos quais extraiu fundamentos e ideias para propor suas teorias. Assim, por exemplo, você perceberá que uma obra fundamental para tratar da Teoria será outro texto do próprio professor Tercio, *Direito, retórica e comunicação*, elencará também: *Tópica e jurisprudência*, de Theodor Viehweg; *Pragmática da comunicação humana*, de Watzlawick, Beavin e Jackson; *Sociologia do direito*, de Niklas Luhmann etc. Todos os textos que foram abordados terão de ser encontrados, lidos e entendidos naquilo que disser respeito à base da fundamentação e à eleição das ideias do professor Tercio na obra que serve de tema ao trabalho monográfico[12].

12. Sobre o modo de leitura e a maneira de fazer o fichamento, ver o Capítulo 5.

Ao lado dessa pesquisa de novos autores e obras, deverá ser feito o levantamento de temas: por exemplo, a partir da obra *Teoria da norma jurídica*, que é o assunto básico para sua investigação, você terá anotado, dentre outros, os seguintes conceitos: "linguagem", "comunicação", "retórica", "persuasão", "teoria", "ciência", "teoria jurídica", "ciência jurídica", "lógica das normas", "discurso", "discurso jurídico", "validade das normas jurídicas", "imperatividade das normas jurídicas", "eficácia das normas jurídicas", "legitimidade" etc. Você também anotará outros termos a serem investigados a partir da leitura das demais obras e que surgirão da leitura do texto-base do professor Tercio. Com esses conceitos em mãos você partirá para a pesquisa de temas nos catálogos e fichários das bibliotecas, conforme ver-se-á adiante. Antes disso, vejamos como se pode eleger os termos a serem buscados quando se trata de trabalho que versa sobre tema e não sobre autor e/ou sua obra.

Vamos supor que o tema escolhido seja "A coisa julgada no processo civil". Você terá no próprio título algumas palavras que servirão de base para sua investigação nos catálogos e fichários das bibliotecas: "processo civil", "processo", "coisa julgada". Claro que para chegar à escolha do tema, conforme já tratamos, você terá examinado uma série de textos.

Desses textos, então, serão tiradas outras palavras a serem buscadas nos catálogos. Por exemplo "decisão judicial", "sentença", "processo de conhecimento", "prazos processuais" etc. Você, também aqui – na realidade, sempre –, deve usar a imaginação: a partir do conhecimento que já tem da matéria, escolha palavras que tenham relação com o tema, ainda que elas não tenham aparecido na pesquisa já feita.

Assim, por exemplo, no caso citado, imagine todo o funcionamento do processo civil até que se atinja a coisa julgada, anotando conceitos que possam estar com ela relacionados. Esses outros termos serão usados também na investigação dos fichários e catálogos, uma vez que não se pode garantir de antemão que eles ainda não tenham sido objeto de estudos de outros investigadores. Usando o tema da coisa julgada no processo civil, você pensaria, por exemplo, em "pedido", "causa de pedir", "partes", "prazos processuais" etc.

De posse dos nomes dos autores e suas obras e dos termos elencados, é chegado o momento da pesquisa nos catálogos e fichários.

A primeira dica importante é: adote uma postura humilde. Não tenha vergonha de perguntar ao bibliotecário ou ao encarregado da biblioteca onde estão os catálogos e fichários. Consulte os funcionários toda vez que estiver sentindo qualquer tipo de dificuldade. Eles estão lá para ajudar[13].

Embora não seja o forte da área jurídica, existem alguns catálogos de autores e obras que devem ser consultados. O mais usual são as consultas aos fichários (arquivos de fichas que contêm as informações por nome dos autores, título das obras, temas principais relacionados às obras etc.). Se você já é um estudante moderno e equipado com a mais alta tecnologia, pode fazer consultas através da Internet nas bibliotecas virtuais. Nesse caso as alternativas são praticamente ilimitadas, já que é possível ter acesso às bibliotecas montadas por universidades de todo o mundo. As dicas para a busca servem de base para a pesquisa também via Internet.

A pesquisa mais fácil é a dos autores. Os arquivos estão organizados em ordem alfabética de nome[14]. Mas tome cuidado. Autores com nomes compostos devem ser procurados com atenção, pois não se sabe qual foi a opção do catalogador. Para auxiliar o usuário, muitos fichários fazem uso do *vide* em tais casos. No caso do exemplo do professor Tercio, na ficha "Sampaio Ferraz", você encontrará "*vide* Ferraz Jr.", ou vice-versa, conforme o critério da biblioteca. Como não

13. Conf. a esse respeito Umberto Eco, **Como se faz uma tese**, p. 44.
14. É nome e não prenome. Referimo-nos, portanto, ao que o vulgo chama de sobrenome.

se pode ter certeza da montagem do fichário, o ideal é procurar nas duas opções. É possível, também, encontrar fichários organizados pelo prenome do autor. Leve isso em consideração.

Na pesquisa por termos o cuidado deve ser maior. Mais uma vez é preciso usar a imaginação. Vamos trabalhar com os termos dos dois exemplos dados ("Teoria da norma jurídica" e "A coisa julgada no processo civil"). Se você está atrás do termo "persuasão", pode procurá-lo. Porém, convém procurar, também, "lógica". Se você buscar "teoria jurídica" ou "ciência jurídica", tem de saber que deve olhar em "introdução ao estudo do direito", "epistemologia jurídica", "conhecimento jurídico" etc. Se for trabalhar na busca das palavras "pedido", "causa de pedir", "partes", tem de saber que deve procurar, também, "petição inicial".

Dando ainda um outro exemplo, se você está buscando material a partir do termo "dano moral", tem de saber (e terá de imaginar, com base nos conhecimentos adquiridos) que deverá buscar, além da palavra "dano", os termos "responsabilidade", "responsabilidade civil", "responsabilidade penal", "indenização", "ação de indenização" etc.

Utilize, também, como suporte para a pesquisa, os termos que aparecem nas fichas catalográficas que estão normalmente impressas nas primeiras folhas dos livros. São fichas organizadas com base em critérios internacionalmente aceitos e que contêm elementos de pesquisa importantes, uma vez que, supõe-se, as bibliotecas terão seus fichários organizados com tais informações.

Quando se tratar de pesquisa de jurisprudência, você deve adotar o mesmo critério de busca das decisões pelos temas e todos os vários assuntos a eles ligados. Nessa hipótese, é possível haver interesse em descobrir decisões de apenas um tribunal, por exemplo, o Superior Tribunal de Justiça. Nesse caso, além da busca por termos nas revistas especializadas, você verificará se os índices das revistas estão divididos e organizados em decisões por tribunais. Mas, às vezes, não terá jeito: você terá de descobrir qual é o tribunal, lendo a decisão ou pelo menos sua ementa.

Ementa, como se sabe, é o resumo da decisão. Ela contém os principais aspectos do julgamento, tais como as matérias que envolvem o caso, o resultado do julgamento, o tribunal que julgou etc. Consultar ementas pode ser uma alternativa econômica em termos de tempo para se conhecer o conteúdo das decisões, já que normalmente os principais tópicos abordados aparecem epigrafados. Algumas publicações trazem um resumo ou um índice das decisões em forma de ementário e outras trazem apenas as próprias ementas.

4.4 O QUE LEVAR DA BIBLIOTECA

Muito bem. Você fez a pesquisa e selecionou uma série de livros e textos. O que fazer agora? Ler todos eles? Lê-los dentro da biblioteca, já que não é possível levá-los para casa ou só é possível levar um ou dois de cada vez? Comprar todos os que estiverem disponíveis no mercado?

Essas e outras indagações mostram bem a nova dificuldade que se inicia: a da separação do joio do trigo; a seleção dos textos que serão de fato utilizados dos que não serão. É um momento importante, uma vez que uma seleção malfeita pode pôr a perder o trabalho de pesquisa já desenvolvido.

Após um trabalho enorme para descobrir os livros e textos, não se pode agora simplesmente descartá-los. Mas alguns terão de ser eliminados, já que não é possível levar todos para casa, que é, seguramente, o lugar mais adequado para se produzir o texto da monografia. Aliado ao fato de que, provavelmente, é lá que está seu computador, caso você próprio vá digitar o texto; se for escrever à mão, é também em casa que a redação será produzida. Aliás, é preciso ter certo espaço físico para que o material possa estar à disposição no momento da redação[15].

15. A redação inicial é tratada no Capítulo 6; a redação final, no Capítulo 7.

Voltemos à seleção dos textos. Você não tem escapatória: terá de, pelo menos, compulsar todos os livros e textos encontrados na pesquisa bibliográfica. Essa é a única maneira de saber se eles servirão para sua monografia. E esse trabalho terá de ser feito na própria biblioteca. Mas não se assuste, não será necessário, ainda, ler propriamente os textos.

É hora de dar uma busca nos livros, sempre com base nos temas que lhe interessam, a partir dos sumários. Encontrado um item pertinente, você então faz uma primeira e ligeira leitura e decide se aquele texto serve ou não. A mesma coisa deve ser feita quando em dúvida a respeito do assunto que aparece no sumário: dê uma olhada antes de se decidir por sua eliminação. Dessa forma, você estará selecionando os livros e textos que precisará levar para casa.

Feita tal seleção, está completada uma fase importante do seu trabalho: a da coleta da bibliografia. Naturalmente, no transcorrer das leituras do material selecionado e, também, no momento da redação, outros livros e textos com certeza aparecerão, uma vez que você estará prestando atenção ao conteúdo e às várias citações de outros autores. Não perca a oportunidade de ir anotando esses novos autores, textos e temas para posteriormente ir buscá-los. É um acréscimo bibliográfico muito importante.

E como levar os textos para casa? A primeira resposta mais evidente (e mais cara) é a de que você deve comprar todos os livros que estejam disponíveis no mercado. Não só porque isso facilita em muito a leitura, mas também porque você vai engrossando ou formando a sua biblioteca (algo importantíssimo para qualquer estudante). Trata-se, ademais, de uma exigência legal de respeito aos direitos autorais dos autores. (Quando se tratar de fonte primária será preciso ter o texto integral em mãos. Ver item 5.1 *infra*.)

Caso a biblioteca permita, você poderá levar o livro emprestado. Porém, nessa hipótese, lidará com dois limites: o tempo de devolução, que nunca é muito longo, e a quantidade dos livros que podem ser levados, que sempre é diminuta.

Existirão obras que estão esgotadas, não podendo, por isso, ser adquiridas e que, também, não poderão ser retiradas da biblioteca. Nessa hipótese, nas grandes cidades há ainda uma alternativa para a aquisição de algumas obras. É a visita aos sebos. Nesses locais, aliás, agradabilíssimos de serem frequentados, especialmente porque é possível adquirir livros a preços reduzidos, tais obras esgotadas podem ser encontradas. Se essa busca mostrar-se ainda infrutífera, então não resta outra alternativa a não ser a feitura de cópias.

Mas, em relação às cópias, pode existir um problema. O de a biblioteca não ter esse serviço, o que hoje em dia deve ser raro. Se isso acontecer, das duas uma: ou se pede o livro emprestado para se tirar cópia fora ou se faz o fichamento do texto lá mesmo na biblioteca[16]. Mas para tirar cópia é necessário respeitar o direito autoral garantido na Lei de Direitos Autorais (Lei n. 9.610, de 19-2-1998)[17].

Não esqueça de copiar ou tirar cópia das referências que você irá precisar, tais como folha de rosto e folha contendo a ficha e o índice para catálogo sistemático[18] ou outra(s) folha(s) contendo todos os dados do livro, a(s) folha(s) com o sumário, a(s) folha(s) com os dados biográficos do autor e de suas obras produzidas (se houver), a introdução e a conclusão (se existir).

Quando se trata de pesquisa de jurisprudência publicada nas chamadas "revistas de jurisprudência", é comum que os pesquisadores tirem cópias das várias decisões. Dar-se-á o mesmo se você estiver fazendo pesquisa diretamente dos processos em andamento no Poder Judiciário.

---

16. Sobre fichamento, ler o Capítulo 5, item 5.3.
17. "Art. 46. Não constitui ofensa aos direitos autorais:

    (...)

    II – a reprodução, em um só exemplar de pequenos trechos, para uso privado do copista, desde que feita por este, sem intuito de lucro".
18. Se a ficha e o índice para catálogo sistemático não existirem ou apresentarem elementos insuficientes, anote os dados essenciais e complementares para a citação bibliográfica, conforme orientação dada no Capítulo 6, item 6.6.

5

Leitura e fichamento dos textos

Você irá ler e fichar os textos. O presente Capítulo pretende indicar um método para que esse trabalho seja realizado, e o faremos da mesma maneira desenvolvida até aqui, apresentando dicas e sugestões. Leve em consideração as orientações, mas busque utilizá-las adaptando-as à sua realidade de vida e suas características pessoais.

Qualquer metodologia para a elaboração de um trabalho científico pode ser boa se o estudante puder se utilizar dela, respeitando seus próprios limites. Um método não pode ser uma "camisa de força", e, ainda que um mínimo de organização seja necessário, é sempre possível buscar caminhos alternativos, atalhos, adaptações a perfis individuais, sem prejudicar o desenvolvimento do trabalho.

Já pensando nisso, vamos continuar apresentando o roteiro para o desenvolvimento da investigação, mas o faremos, na medida do possível, oferecendo as várias alternativas viáveis para se atingir o mesmo fim. É fato, porém, que um estudante que consiga seguir à risca todas as orientações por certo chegará ao fim do trabalho com menos riscos.

5.1 FONTE PRIMÁRIA E FONTE SECUNDÁRIA

A separação em fonte primária e secundária funciona muito mais como um meio para explicação das fontes do que como técnica definitiva de leitura e fichamento. A princípio, não há qualquer impedimento para que se utilizem todas as técnicas nos dois tipos de fontes. Tanto é verdade que preferimos reunir nos itens 5.2 e 5.3 essas técnicas de leitura e fichamento.

A rigor, a separação em fonte primária e fonte secundária somente tem validade quando se trata do trabalho sobre um autor e/ou sua obra (fonte primária) e os comentadores desse autor e/ou suas obras (fonte secundária). Porém, na área jurídica essa divisão acaba abarcando outras situações, porque, se o assunto é uma norma jurídica, esta será fonte primária, e a doutrina e a jurisprudência relativa a ela serão fontes secundárias. Se se tratar de decisões judiciais, estas serão fonte primária, e a doutrina que trata delas, secundária.

Mas há casos em que não se pode sequer determinar qual é a fonte primária e qual a secundária. Por exemplo, o trabalho diz respeito a um assunto legislado, digamos, "Publicidade enganosa no Código de Defesa do Consumidor". A Lei n. 8.078/90 seria fonte primária. Mas se o assunto fosse somente "Publicidade enganosa", sem referência a lei, qual seria a fonte primária: a lei, a jurisprudência sobre o assunto ou a doutrina? E se o tema não for regulado por lei, por exemplo, "A eficácia do cheque pré-datado no Brasil", e existirem decisões judiciais a respeito, bem como doutrina, qual dessas duas seria a primária?

Logo, a separação em primária e secundária tem muito mais importância e relevo quando se trata de tema voltado para o autor: sem dúvida, poder-se-á dizer que fonte primária são as obras do autor e fonte secundária são as obras de seus comentadores[1].

1. Sobre fonte primária e secundária, conf. Umberto Eco, **Como se faz uma tese**, p. 93 ss.

De qualquer maneira tracemos alguns parâmetros para a leitura de textos que sabidamente podem ser enquadrados na divisão de fonte primária e fonte secundária.

Se o seu tema é relativo a algum autor ou alguma obra de certo autor, ou, ainda, disser respeito a alguma lei ou a um caso judicial em particular, esses elementos básicos (autor, sua biografia, sua obra ou obras, texto da lei, autos ou partes do processo judicial) serão considerados, então, fonte primária.

Assim, continuemos com um exemplo apresentado no Capítulo anterior. Suponhamos que o tema escolhido seja "A teoria da norma jurídica de Tercio Sampaio Ferraz Jr.". A obra por ele publicada e que tem o nome *Teoria da norma jurídica* será fonte primária. Se a ambição do estudante é maior e ele resolve tratar de um autor, isto é, de toda a obra de um autor ou de algumas delas em particular, então todas as obras publicadas (e, eventualmente, inéditas a que se possa ter acesso) no primeiro caso e as obras selecionadas no segundo serão fontes primárias.

As fontes primárias deverão ser lidas integralmente. Os métodos para a leitura desses textos estão designados nos itens 5.2 e 5.3 *infra*.

No caso da fonte primária ser alguma norma jurídica, não há impedimento a que se use como fonte primária um texto publicado da norma com anotações e indicações de organizadores e autores. Todavia, para a primeira leitura da norma jurídica, aconselha-se que seu texto não tenha qualquer anotação ou comentário (com exceção de anotações de remissões de artigos correlatos e eventuais mudanças que os próprios textos normativos contenham).

Assim, por exemplo, naquele tema já indicado no Capítulo anterior, "A coisa julgada no processo civil", não haveria problema algum em ler os artigos do Código de Processo Civil que tratam do assunto nas conhecidas obras de Nelson Nery Junior e Rosa Maria

Andrade Nery[2] ou de Theotonio Negrão[3], mas seria mais produtivo ler primeiramente apenas o texto da lei, fazendo uma interpretação própria (com o uso das conhecidas regras de interpretação)[4]. A obra de Nelson e Rosa Nery seria deixada para análise de doutrina, uma vez que funcionaria como fonte secundária de comentários aos artigos do CPC.

Se o estudante for examinar um caso judicial em particular ou vários casos, a fonte primária terá de ser o conjunto das cópias desses feitos, porque não se poderá ter os originais em mãos o tempo necessário para a feitura das leituras e fichamentos, nem, principalmente, para anotações, referências etc., que devem ser feitas no próprio texto lido[5].

Se a decisão e/ou as principais peças e aspectos processuais estiverem publicados em livros ou revistas, então, tais publicações poderão ser utilizadas como fonte primária.

Se já existir uma ou mais monografias anteriores que cuidem do mesmo assunto escolhido como tema ou se existir livros mais abrangentes que tenham capítulos específicos relativos ao tema eleito, esses textos e obras devem ser tomados como fonte primária.

Fonte secundária, então, será toda aquela que indiretamente estiver sendo utilizada como complemento do texto principal, quer para servir de contraposição, quer para servir de fundamentação mais ampla, ou, ainda, para ampliar o sentido do contexto apresentado no tema principal etc.

---

2. **Código de Processo Civil comentado**. 2ª ed., São Paulo: Revista dos Tribunais, 1996.
3. **Código de Processo Civil anotado**. São Paulo: Saraiva, 1996.
4. Sobre regras de interpretação consultar o nosso **Manual de introdução ao estudo do direito**. São Paulo: Saraiva, 1996, Capítulo 6.
5. Conf. o item 5.2 *infra*.

5.2 COMO LER E GUARDAR INFORMAÇÕES

Antes de iniciar, vamos tentar eliminar um preconceito que o estudante não pode ter: não há nenhum mal em riscar um livro. Um livro sublinhado, riscado, pintado, reflete o nível de profundidade, dedicação e atenção que o leitor teve. Os grifos demonstram a dialética viva da relação livro-leitor. Um livro é um monumento que pode até estar encostado anos a fio na prateleira de uma estante, mas que nasce para a vida imediatamente após o leitor tomá-lo nas mãos e passar a fazer sua leitura.

Daí dizermos que os livros são feitos para serem lidos e rabiscados. Um livro pronto, impresso, colocado de enfeite numa estante, de nada serve. É simples adorno do lar ou de uma antiga biblioteca transformada em museu.

Um livro renasce quando é lido. Ele realiza toda sua amplitude quando emerge da dialética que se estabelece entre o leitor e suas palavras, pois é nesse momento que leitor e texto vivem. É no ponto situado entre as palavras impressas no papel e o sentido que a mente intui nas imagens capturadas que o livro ganha vida.

O livro vai assim renascendo a cada leitura, e ele é reescrito a cada rabisco, a cada anotação, a cada sublinha, a cada círculo, a cada indicação feita pelo leitor.

No início, na sua leitura, o livro era um, depois cresceu nas leituras sucessivas, tendo sido ampliado com as anotações. Ele, então, como dissemos, vive, revive, amadurece, se enriquece com a participação ativa do leitor.

5.2.1 Marque o texto

Não é nenhum desrespeito para com o livro nem para com o autor a leitura e, simultaneamente, a colocação de marcas pessoais[6].

---

6. Desde que o livro seja seu. Evidentemente, você só pode grifar os livros, textos e cópias que lhe pertencerem. Jamais grife livros emprestados e que pertençam à biblioteca.

Muito pelo contrário, as marcas denotam sua participação ativa na leitura. São sinais daquilo que lhe chamou a atenção.

Assim, diga-se, os textos devem ser lidos com a caneta na mão. Você deve ir lendo e grifando com caneta as passagens que considerar mais importantes. Cuidado: não grife todo o texto. Se isso acontecer a função do grifo desaparece. A manutenção do grifo no texto serve para personalizá-lo, de modo que na segunda leitura e mesmo numa rápida olhada você irá conseguir identificar com facilidade quais aspectos lhe chamaram mais a atenção e que poderão ser-lhe úteis.

5.2.2 Abra fichas e folhas

Enquanto estiver lendo e colocando suas marcas, você deve, também, ir, simultaneamente, fichando o texto (ver técnica de fichamento mais à frente, no item 5.3) e anotando aqueles grifos que entender importantes e que deverão ser utilizados na redação. Por exemplo, você está lendo a obra de Celso Antonio Pacheco Fiorillo, *Os sindicatos e a defesa dos interesses difusos*. Você está lendo o Cap. 4, item 4.2, p. 61, e grifa "garantias do *due process of law*" e "efeitos *ultra partes*". Anotará na ficha: "*due process of law*": v. p. 61; "efeitos *ultra partes*": v. p. 61. Ou, caso queira, simplesmente anotará grifos: v. p. 61, p. 70, p. 82 etc.

Você pode, também, em vez de utilizar fichas, grampear folhas em branco na parte de dentro da última capa do livro e nela ir fazendo essas anotações. Posteriormente, quando precisar utilizar-se do texto, você irá direto a essas folhas que têm as anotações. É muito bom que as anotações colhidas durante a leitura estejam o mais próximo possível da obra. Essas folhas grampeadas têm ainda uma vantagem adicional: onde quer que você esteja, poderá consultá-las e fazer anotações sem ter de ficar carregando fichas. Você pode, por exemplo, estar lendo o livro no intervalo de suas aulas, na sala de espera do dentista, dentro do avião numa viagem etc.

5.2.3 Use várias marcas

É possível se servir de vários tipos de marcas além do sublinhamento. Você pode sublinhar termos e parágrafos importantes e criar um tipo especial de marca para os mais significativos. Usa-se, por exemplo, um traço vertical ao lado do parágrafo que se entendeu mais importante. Ou se pode grifar o texto, por exemplo, com caneta esferográfica azul. Depois, com caneta hidrocor amarela, grifam-se os trechos mais pertinentes, mesmo que por sobre o texto grifado de azul da caneta esferográfica.

Quando se tratar de textos de difícil entendimento, que demandarão mais de uma leitura (o que acontece muitas vezes, mesmo para textos simples, especialmente no momento da redação), ou quando o tema é uma obra específica que se precisa conhecer pormenorizadamente, é possível adotar dois tipos de marcas diferentes para se saber que cada uma foi feita numa leitura. Por exemplo, na primeira leitura sublinha-se o texto com grifo abaixo das palavras; na segunda, com círculos em volta. Ou na primeira leitura sublinha-se com caneta esferográfica e, na segunda, com caneta hidrocor.

Uma maneira eficaz de marcar é dobrar a ponta da folha onde você grifou algo importante. Na hora de encontrar fica mais fácil.

Você pode, ainda, adotar siglas e cores para marcas específicas que quiser utilizar. Porém, use a técnica com consistência: eleja um critério e mantenha-se fiel, sempre, em todas as suas leituras.

5.2.4 Separe folhas ou abra arquivo no micro para observações

Separe algumas folhas em branco e intitule-as "anotações pessoais/observações gerais" ou abra diretamente no seu micro um arquivo com esse título[7].

---

7. Ver adiante, no subitem 5.3.1, como elaborar fichamentos e relatórios de leitura e, em especial, o relatório de leitura de anotações pessoais e observações gerais.

É muito comum, não só durante a elaboração do trabalho, mas também antes, na fase de leitura, surgirem ideias importantes, muitas vezes originais, que devem ser anotadas para não se perderem.

Na verdade, como o processo de elaboração de toda a pesquisa desenvolve-se por semanas a fio e como há um alto grau de preocupação com o assunto, é natural que apareçam no plano da consciência, repentinamente, ideias relativas aos temas que estão sendo investigados. Esse acontecimento não tem nada de assombroso. Trata-se de um natural desenvolvimento do esquema da memória que traz à tona no nível da consciência certos arranjos em forma de ideias, numa virtude que todos têm e à qual se dá o nome de intuição[8].

Por isso é importante, pelo menos no período em que se está preparando e elaborando a monografia, ter sempre à mão papel e caneta para ir anotando o que aparece à mente.

Não pense que depois, no ato de escrita do texto, você vai lembrar de tudo que lhe passou na mente. É bem provável que tal pensamento caia no esquecimento.

Aliás, levar para o papel ou para o micro pensamento que nos "aparece" é sempre uma ótima técnica para torná-lo vivo no mundo. Ao escrevê-lo, ele passa a ter vida e autonomia em relação a você. Pode acontecer, inclusive – como vai de fato ocorrer –, que, no futuro, quando você ler o que escreveu, nem se lembre como e em que momento o pensamento surgiu, mas ainda assim ele poderá ter alguma serventia. De qualquer maneira, sempre que o passar para o papel, coloque também a data. Isso poderá ajudá-lo a se localizar caso queira lembrar-se de quando ele surgiu.

8. Intuição é uma virtude não muito conhecida e que é apresentada de maneira não muito consistente pelos estudiosos. Contudo, pelo menos no aspecto aqui abordado, podemos afirmar, não há dúvidas a respeito do que foi dito (conf. o nosso **Intuição e direito**. Belo Horizonte: Del Rey, 1997).

5.2.5 O tempo da leitura

O momento da leitura é, sem dúvida alguma, um dos mais agradáveis de todo o trabalho (só é suplantado pela satisfação de ver a monografia pronta). Aproveite, portanto, essa etapa e leia o máximo possível. Leia tudo. Planeje seu tempo, mas leia.

Se você não tiver muito tempo (vários meses) para desenvolver seu trabalho, é importante, então, que faça um cálculo de quanto vai gastar, mais ou menos, nessa fase e na próxima. Na realidade um cálculo desse tipo é bom até para quem tem bastante tempo, pois serve como organização da leitura (e depois da redação) e para que o investigador não se desestimule nem cometa o erro de trabalhar muito numa semana e nada na outra. A manutenção de certo ritmo de trabalho é fundamental para o desenvolvimento do serviço.

Tome um texto, leia-o com atenção, com calma, grifando, fichando (ver o próximo item) e fazendo anotações. Gaste algumas horas. Digamos, seis horas. Após esse tempo, calcule quantas páginas você conseguiu ler e fichar. Em seguida, conte o total de páginas separadas para ler e faça um cálculo inicial. Os textos principais (fontes primárias e/ou fontes que você escolheu para serem primárias) devem ser contados em dobro ou triplo.

Feito isso, você terá uma ideia aproximada do tempo necessário para a leitura (o mesmo cálculo deverá ser feito no momento da redação). Elabore, então, um cronograma das leituras que fará dia a dia. Procure estimar quantas horas diárias e em que período do dia você fará as leituras e cumpra essas determinações. Faça uma tabelinha e vá riscando na medida do cumprimento das metas. Assim, se, por acaso, num dia você não puder cumprir o cronograma, saberá o quanto ficou atrasado, podendo compensar num outro dia.

Elabore uma grade horária como se fosse de aulas da escola. Por exemplo:

Quadro de leituras

Horário						
Segunda	Terça	Quarta	Quinta	Sexta	Sábado	Domingo
14 às 18	15 às 19	14 às 18	14 às 18	16 às 18	16 às 18	17 às 19
20 às 22		20 às 22	20 às 22			

Evidentemente o cálculo é apenas aproximado e muitas vezes até difícil de ser feito. Isto porque muitos dos textos colhidos estão completos (livros inteiros), e nessa fase ainda não se tem certeza de tudo o que vai ser necessário ler. Além disso, com toda certeza, vão aparecer, no meio do caminho, novos textos que terão de ser encontrados e lidos; e alguns outros serão simplesmente abandonados. Porém, nada disso deve impedir o cálculo. Certo ou errado, ele será um bom organizador de suas leituras necessárias.

5.2.6 A ordem da leitura

Por qual dos livros e textos deve-se começar a ler?

A explicação a seguir, que é apresentada em partes separadas (tema de autor, jurídico-conceitual, legal e jurisprudencial), deve ser lida e entendida integralmente, uma vez que estarão nos temas escolhidos total ou parcialmente reunidos. Você deve utilizar-se de todas as dicas em conjunto.

Quando se tratar de tema envolvendo a obra ou o pensamento de algum autor, eis o caminho a seguir.

É preciso ter uma ideia inicial do pensamento ou da obra do autor. Leia o texto a primeira vez. Se você já conhece o texto, porque já o leu antes, então, não o leia de novo ainda (você lerá no final – acompanhe).

Você deve ter selecionado textos de outros autores comentando o pensamento e/ou obra do autor que você elegeu. Leia esses comentadores, a partir da publicação mais recente, indo até a mais antiga (é regra geral que vale para qualquer leitura)[9]. Em seguida leia as obras dos autores que deram sustentação ao autor escolhido. Depois leia os textos que servem de apoio ao desenvolvimento de seu trabalho. Somente depois disso volte ao texto do autor escolhido. Você perceberá como ele estará, a essa altura, bastante claro ou, pelo menos, muito mais claro do que antes.

Vejamos um exemplo. Você escolheu o tema "A noção de sistema jurídico na teoria pura do direito de Hans Kelsen".

Para desenvolver esse tema específico, você terá de conhecer a teoria pura do direito.

Comecemos as leituras. Você irá ler, ou já leu, a *Teoria pura do direito*. Depois disso, a primeira leitura é a dos comentadores do Kelsen sobre a teoria pura do direito. São muitos. Escolha alguns. Vá lendo os textos dos mais atuais até chegar aos mais antigos, próximos da 2ª edição da *Teoria pura do direito* de Kelsen, que é de 1960 (Kelsen alterou posições na 2ª ed.).

Depois leia alguns dos textos nos quais Kelsen se baseia. Terá de, fatalmente, ler Kant. Em seguida leia textos de apoio. Por exemplo, autores que tratam da noção de sistema. De preferência do período pré-kelseniano. Daí, volte ao texto do jurista.

Tome um cuidado especial na análise do pensamento do autor escolhido. Tenha certeza de que o texto lido corresponde ao último pensamento do autor. Procure descobrir se a edição que você tem é a mais recente. Não é incomum que os autores mudem de opinião.

---

9. Conf. Antonio Joaquim Severino, **Metodologia do trabalho científico**, p. 79.

E é necessário apresentar a atualmente vigente. O ideal, inclusive, é comentar a mudança explicitamente.

Quando se tratar de tema jurídico-conceitual, você deve adotar o mesmo critério. Parta dos textos mais recentes, indo até os mais antigos.

Como o conhecimento (científico ou não) é sempre "acúmulo"[10] de conhecimento, a leitura de textos mais atualizados, por certo, apresentará os vários acréscimos de contribuição que os autores foram trazendo com o passar do tempo. Claro que, como sempre, a leitura tem de ser crítica, porque há textos que, embora recentes, são ultrapassados e muitas vezes refletem posições nas quais grande parte do pensamento científico não mais acredita.

E o setor jurídico não está livre disso. Pelo contrário, só para citar um exemplo, é possível encontrar livros publicados nos dias de hoje que ignoram totalmente os modernos conceitos trazidos pelo Código de Defesa do Consumidor (CDC). Alguns autores nem sequer sabem da existência da Lei n. 8.078/90. Só para confirmar esse dado, mas sem citar livros, pois este texto não tem essa finalidade, veja-se um caso que é conhecido de todos. Lembre-se do acidente do final de 1996 com o avião da TAM no bairro do Jabaquara em São Paulo.

Puxando pela memória, ver-se-á que vários dos operadores do direito que falaram sobre a questão jurídica do pagamento das indenizações às vítimas das ruas (proprietários de casas e automóveis) e às famílias dos passageiros e tripulantes ignoravam completamente os dispositivos do CDC. Falou-se em apuração de culpa, aplicação do Código Civil etc.

Na verdade, o caso é claro de aplicação da Lei n. 8.078, pois a relação jurídica ali existente era típica de consumo, sendo que a

10. No sentido de que pressupõe um conhecimento anterior.

responsabilidade do transportador aéreo é objetiva, independendo de apuração de culpa, e os terceiros envolvidos no acidente são todos considerados, também, consumidores, estando protegidos pela lei consumerista. As outras normas (Código Brasileiro de Aeronáutica, Código Civil etc.) só se aplicam supletivamente.

Esse é apenas um exemplo elucidativo e comprobatório do problema. Se os operadores do direito falam coisas ultrapassadas, consequentemente também escrevem. É preciso, portanto, muito cuidado.

Use na ordem de leitura a mesma sequência antes proposta. Eleja o tema com seu texto principal (ou mais de um) e vá lendo os demais textos que tratam do assunto e os dos temas que o fundamentam, até atingir novamente o(s) texto(s) eleito(s) como principal(is).

Por exemplo, você elegeu o tema "A execução contra a Fazenda Pública". Começará pelo texto atual e homônimo do juiz Wanderley José Federighi, indo até os primeiros comentadores do Código de Processo Civil de 1973. Irá, no caso, também ao Código de Processo Civil de 1939, que já tratava do assunto, e lerá textos que deem fundamento à noção de execução, em especial contra a Fazenda Pública.

Quando o tema escolhido tiver ligação direta com texto de norma jurídica (como é o caso do exemplo da execução contra a Fazenda Pública dado acima), a primeira providência que você deve tomar é ter certeza de que a norma jurídica está em vigor e que o seu teor é aquele que tem em mãos.

Pode ocorrer de você estar-se utilizando de norma jurídica revogada ou que teve alguns artigos revogados ou que foi parcialmente alterada.

Pode, também, acontecer uma fatalidade: o legislador alterar ou revogar a norma jurídica, base de sua monografia, quando você está no meio do desenrolar dos seus trabalhos ou, pior, no fim. Se isso acontecer, você tem dois caminhos, sendo que o segundo é sempre necessário. Primeiro, veja se ainda dá para aproveitar o que já está feito. Às vezes, a modificação é até favorável ao seu trabalho, pois você estava criticando a lei e ela foi alterada na direção de sua crítica. Neste caso, você descreverá esses acontecimentos no seu texto.

O segundo é discutir com seu orientador uma saída. Tecnicamente, é possível aceitar uma monografia que estava quase pronta quando a norma jurídica foi alterada, modificando de modo profundo os rumos da investigação.

Não se pode esquecer de que o principal objetivo da monografia é o desenvolvimento da metodologia de estudo e da capacidade do estudante em conduzir uma investigação e produzir um texto claro, organizado e satisfatório.

É possível obter cem por cento de certeza de que o estudante atingiu suas metas, ainda que a norma jurídica base de seu tema não esteja mais em vigor.

Na verdade, não há qualquer impedimento para que se desenvolva um trabalho (que pode ser de história do direito) em relação a textos legais que foram revogados.

De qualquer maneira, a comunicação ao orientador se faz necessária.

Como dizíamos, é preciso ter certeza de que a norma jurídica está em vigor. Atualmente, o trabalho do investigador nesse aspecto está bastante simplificado pela atenção que as editoras jurídicas estão dando ao assunto.

Assim, por exemplo, a Editora Saraiva edita uma coleção de códigos que reúne o que há de mais relevante na legislação federal, por meio de publicações impressas e digitais, possibilitando, ainda, a consulta *on-line* dos diplomas.

Dessa forma, de um jeito ou de outro, é possível saber ao certo, pelo menos no que tange à legislação federal, incluindo-se aí o texto da Constituição Federal e medidas provisórias, se a norma jurídica ainda está em vigor e qual o seu teor atualizado.

No que diz respeito à jurisprudência, por razões óbvias, a sequência de leitura deve ser a mesma. Primeiro, devem ser lidas as decisões mais recentes, indo até as mais antigas. Pelo caminho será possível acompanhar as tendências e definir a direção da jurisprudência.

Nesse assunto, porém, acrescente-se um aspecto. Dependendo daquilo que se queira (por exemplo, a posição da jurisprudência a respeito de certo assunto), a leitura deve começar das decisões dos tribunais superiores. Irá acontecer de se encontrar uma súmula recente do Supremo Tribunal Federal ou do Superior Tribunal de Justiça que por si só seja capaz de resolver a questão que você buscava responder. (É evidente que, provavelmente, você ter-se-á dado conta disso no momento da pesquisa da jurisprudência, o que o terá restringido à anotação do contido na Súmula.)

Outras vezes a leitura mais ampla terá de ser feita de qualquer maneira. Por exemplo, se a proposta for mostrar o desenvolvimento da jurisprudência a respeito de determinado assunto, será necessário ler as várias decisões para traçar o caminho percorrido.

5.3 O FICHAMENTO

5.3.1 Fichas ou relatórios de leitura (RLs)

A elaboração de fichas de leitura relativas às obras lidas é o meio mais tradicional de organização dos textos selecionados. Deverão ser utilizadas no momento da redação da monografia.

Aqui, em nosso trabalho, vamos acrescentar outras alternativas possíveis, bem como buscaremos apresentar os novos métodos de fácil manejo, inclusive mediante a utilização dos microcomputadores. Tudo visando atualizar o sistema de pesquisa e facilitar os trabalhos do estudante.

É fato que nem sempre o investigador trabalha em condições ideais, o que no caso seria estar lendo e escrevendo num confortável gabinete, que contivesse uma grande mesa, estantes, microcomputador, impressora etc., bem como todos os textos necessários para a elaboração do trabalho, além de isolamento, silêncio e tempo disponível.

De qualquer maneira, ainda que em condições diferentes dessas, quanto mais o estudante conseguir seguir o roteiro, tanto mais se aproximará de seu fim satisfatoriamente.

Antes de começar as leituras, o estudante deve certificar-se de ter em mãos um bom dicionário da língua portuguesa (como, p. ex., o *Aurélio*) e, também, um dicionário técnico de termos jurídicos. E, se possível, de brocardos jurídicos, de citações do latim, de política e de filosofia. Enfim, ter dicionários capazes de dar-lhe um respaldo durante a leitura e, depois, no momento da redação.

Vamos englobar no conceito de fichamento tanto as fichas propriamente ditas (fichas em papel-cartão) quanto as folhas de papel avulsas (papel ofício) e as páginas do editor de texto do microcomputador. Como todas elas dizem respeito ao resultado do trabalho de leitura, vamos substituir o nome fichamento, que é antigo, ligado à ideia de ficha, pelo de "relatório de leitura" e usar a abreviatura "RL".

Iremos, a seguir, fazer uma sugestão de modelos de relatórios de leitura. Mas, a rigor, nem é preciso que você se utilize dessa divisão, assim como pode muito bem criar a sua própria, particular. Mas há uma mínima necessária, representada por dois tipos: a da bibliografia e uma outra para fichamento das obras.

5.3.2 Os vários tipos de RLs

Pode-se trabalhar com RLs de vários tipos, com inúmeras alternativas de arranjo[11]. Nossa sugestão comporta sete:

a) RL de Bibliografia (RLB);

b) RL de Obras (RLO);

c) RL de Temas (RLT);

d) RL de Normas Jurídicas (RLN);

e) RL de Jurisprudência (RLJ);

f) RL de Anotações Pessoais/Observações Gerais (RLA);

g) RL de Dados Biográficos dos Autores (RLD).

Esses tipos podem ser utilizados para os diversos instrumentos ao dispor do estudante: ficha-cartão, folha ofício, fichas, arquivo do microcomputador. Se este último for o adotado, não se deve esquecer de fazer *back-up* de todos os arquivos, bem como imprimi-los todos, logo após a atualização, e guardar as folhas impressas ordenadamente.

5.3.3 O que colocar nos RLs

Qualquer RL que se preze (ou outro tipo de instrumento, como a ficha-cartão) deve ter anotada, de forma clara, a origem do material consultado (com exceção do RLA, por motivos óbvios).

Os RLs cumprem algumas funções, dentre as quais se destacam:

a) organizam os textos pesquisados;

b) permitem que facilmente saibamos quais obras foram consultadas, quais não foram;

---

11. Conf. Umberto Eco, **Como se faz uma tese**, p. 87 ss.; Antonio Joaquim Severino, **Metodologia do trabalho científico**, Cap. II, itens 1 a 4, e Cap. V, subitem 1.3.3.

c) trabalham como método de memorização;

d) selecionam os dados mais importantes dos textos examinados;

e) são instrumentos básicos para a redação do texto da monografia.

Todas essas funções são importantes, mas sem sombra de dúvida a virtude dos RLs aparecerá no momento da redação do texto da monografia. Nessa ocasião é que você perceberá, de fato, sua utilidade e não se arrependerá de tê-los organizado.

Por isso, quanto mais claros, completos e (não é contraditório da completude) sintéticos forem, melhor efeito terão no momento da redação da monografia. Elabore-os, portanto, com cuidado, atenção e seriedade. É importante que eles possam conter a síntese fundamental daquilo que você foi buscar no texto examinado.

Vejamos, a partir da sugestão dos sete tipos, o que os RLs (e qualquer outro tipo de fichamento) devem conter.

5.3.3.1 O relatório de leitura de bibliografia – RLB

Deve conter os dados bibliográficos mínimos e todos os outros que você entender necessário adicionar. Mas só dados bibliográficos. Nada além.

Ele servirá de suporte para notas de rodapé, feitura da bibliografia final da monografia e localização do texto. Veja quais são os dados bibliográficos essenciais e complementares que você deve passar para o RLB no próximo Capítulo, item 6.6.

Eis um exemplo:

RLB (tela do micro/ficha-cartão/folha de papel)

BOBBIO, Norberto. **O futuro da democracia – uma defesa das regras do jogo**. Trad. Marco Aurélio Nogueira. 3ª ed., Rio de Janeiro: Paz e Terra, 1987 (171 p.); (Não há indicação clara da data da 1ª edição; talvez seja 1986, pois essa nota é a que consta da ficha de catalogação na fonte); Título original: **Il futuro della democrazia. Una difesa delle regole del gioco**. Torino: Giulio Einaudi Ed., 1984.

BODENHEIMER, Edgar. **Ciência do direito: filosofia e metodologia jurídicas**. Trad. Enéas Marzano. Rio de Janeiro: Forense, 1966 (443 p.); Título original: **The philosophy and method of the law**. Cambridge: Harvard University Press, 1962.

DINIZ, Maria Helena. **Conflito de normas**. São Paulo: Saraiva, 1987 (99 p.).

——. **A ciência jurídica**. 2ª ed., São Paulo: Resenha Universitária, 1982 (170 p.); (Não há indicação da data da 1ª edição).

FERRAZ JR., Tercio Sampaio. **Teoria da norma jurídica**. 2ª ed., Rio de Janeiro: Forense, 1986 (181 p.); (1ª edição: 1978).

MACHADO NETO, A. L. & Zahide. **O direito e a vida social**. São Paulo: Nacional, 1966 (210 p.).

Observações:

- Note que nos dados bibliográficos deste exemplo de RLB os autores aparecem já alinhados por ordem alfabética de nome.
- Se você estiver utilizando o microcomputador, poderá ir já adotando essa regra, que facilita consultas para leituras, citações, notas etc., estabelece ordem para fins de elaboração da bibliografia final, bem como impede repetições.
- Caso você use folhas soltas ou fichas, faça-as, então, individuais: uma para cada autor, a fim de organizá-las em ordem alfabética em seguida.

- Note, também, no caso do exemplo, que os dados complementares de uma bibliografia estão sendo anotados dentro de parênteses. São informações que se deve ter, pois poderão ser úteis no transcorrer do trabalho. Ao final, no momento da elaboração da bibliografia, você decidirá por sua utilização ou não[12].
- Abra novos parênteses para cada informação diferente para evitar confusão. Por exemplo, no caso de Bodenheimer, o número de páginas (443 p.) diz respeito à edição brasileira e não à edição estrangeira.
- Por fim, note que, no exemplo, os dados essenciais já estão organizados na ordem e forma adequada para uma indicação bibliográfica final. Você não precisa ter esse rigor nessa fase do trabalho (só o terá na bibliografia).

5.3.3.2 O relatório de leitura de obras – RLO

No RLO você fará fichamento das obras escolhidas para leitura.

Quando a obra apresenta interesse amplo, você pode começar fichando os principais assuntos que nela lhe interessam, e passá-los para o RL. Antes da passagem para o RL das informações sobre o texto, você deve anotar os dados bibliográficos da obra, que permitirão o uso em citações e notas: nome do autor, título e subtítulo (este, se for considerado essencial para a identificação da obra). Os demais dados bibliográficos já constam do RLB. Contudo, deve-se, também, anotar aqueles dados que você entender serem importantes saber, quando da utilização do RLO, no momento da redação.

Vejamos: vai-se fazer o RLO da obra *A proteção constitucional das pessoas portadoras de deficiência*, de autoria de Luiz Alberto David Araujo. No alto na primeira página do RL devem ser colocados

12. Sobre como fazer as indicações das referências secundárias, tais como ISBN, número de páginas etc., consulte o subitem 6.6.19 *infra*.

os dados bibliográficos necessários. Pode-se fazer tal anotação em qualquer dos lados da página ou centralizadamente, mas no alto.

Após a marcação desses dados, deve-se iniciar a redação, deixando-se alguns espaços em branco. Vejamos no quadro a seguir a continuação do exemplo da obra de Luiz Araujo.

RLO (tela do micro/ficha-cartão/folha de papel)

ARAUJO, Luiz Alberto David. *A proteção constitucional das pessoas portadoras de deficiência.*

(Trata-se de Tese de Doutorado, PUC/SP, 1992).

O autor apresenta um rol exemplificativo das causas de dificuldade de integração social das pessoas portadoras de deficiência, a saber:

A. Deficiência Mental (p. 29)
   - conceito de deficiência mental (p. 31)
   - causas da deficiência mental (p. 34)
   - tipos de deficiência mental (p. 35)
   - os superdotados (p. 35)
   - os alcoólatras e viciados (p. 37)

B. Deficiência Física (p. 37)
   - deficiências visuais (p. 38)
   - deficiências auditivas (p. 41)
   - deficiências de dicção (p. 41)
   - deficiências de locomoção (p. 42)
   - os aidéticos (p. 43)
   - deficiências do metabolismo e outras deficiências, pouco conhecidas (p. 44)
     - fenilcetonúria (p. 45)
     - hipotireoidismo congênito (p. 46)
     - doença do xarope de bordo (p. 46)
     - esclerose múltipla (p. 46)
     - talassemia (p. 47)
     - insuficiência renal crônica (p. 48)
   - lesão superada ou aparente (p. 48)
   etc.

Lendo os textos, você está aprendendo e procurando material para utilização futura. O resultado dessa busca deverá aparecer nos RLs. Por isso, neles devem ser transcritos os trechos das obras que poderão servir para a redação da monografia. Não é preciso ter certeza absoluta de que a transcrição vai mesmo ser utilizada. Basta que no momento em que você lê o texto e resolve pela transcrição pareça que ela lhe vai ser útil.

Você pode fazer transcrições *ipsis litteris*, isto é, ao pé da letra, tal qual aparece no texto. Nesse caso o trecho transcrito não só tem de estar entre aspas, mas também deve trazer anotada entre parênteses a página de onde foi extraído.

Nesse tipo de anotação, os modernos acessórios dos microcomputadores podem ajudar bastante a ganhar tempo, embora não se cumpra a função de colaborar na memorização (que se solidifica por repetição). Referimo-nos ao *scanner*. Se você estiver digitando os RLs no micro, pode, quando tiver de transcrever os trechos mais longos, fazê-lo utilizando um *scanner*.

Veja um exemplo de transcrição *ipsis litteris* de trecho extraído da obra citada de Luiz Araujo.

> "As pessoas portadoras de deficiência têm o direito à diversão, como qualquer indivíduo. Não seria possível imaginar a vida do indivíduo portador de deficiência sem o mínimo de lazer. Esse direito se revela desde as práticas esportivas, até mesmo a frequência em locais públicos, como cinemas, museus, teatros, estádios esportivos etc." (p. 60).

Obs.: Essa citação, obviamente, entrará no RLO relativo à obra tratada. No quadro anterior, ela estaria colocada após aquelas anotações iniciais.

Você pode, também, passar para os RLs, em vez de trecho copiado ao pé da letra, redação que você mesmo elabora a respeito do texto lido. São as chamadas paráfrases. Uma paráfrase é um resumo dos pontos de vista do autor examinado, elaborada com suas próprias palavras. Mas cuidado. É preciso que a sua escrita, embora reflita o que o autor disse, não se aproxime demais daquilo que ele escreveu, pois se isso ocorrer você produzirá um plágio e consequentemente um pecado científico (além de uma infração ao direito autoral do autor). Se estiver difícil produzir a paráfrase, é melhor citar o trecho entre aspas.

A melhor maneira de se produzir uma paráfrase é primeiramente ler com muita atenção o trecho querido ou os vários aspectos desejados, inclusive repetindo as leituras, até ter compreendido aquilo que o autor quis dizer. Depois, sabida essa lição de cor, escrever, sem buscar apoio no texto, com suas próprias palavras, o pensamento do autor. Por cautela, depois de pronta, cheque o trecho para ver se está diferente. Repita-se: diferente deve ser a construção das frases, das proposições, o conjunto das palavras; não o sentido do pensamento do autor. Nunca coloque a paráfrase entre aspas para não a confundir com transcrição ao pé da letra, e, ao final, coloque entre parênteses a página ou páginas a que ela se refere.

A seguir veja um exemplo de paráfrase a partir da mesma citação *retro* de Luiz Araujo.

> Araujo defende o direito do deficiente ao lazer. Como qualquer outra pessoa, o deficiente tem o direito de praticar esportes, frequentar locais públicos de diversões, tais como cinemas, museus, estádios de esportes etc. (p. 60).

No momento da redação, é possível que você faça paráfrases extraídas das transcrições entre aspas. Não há nenhum problema nisso. Porém, o inverso não é verdadeiro. Se você quiser fazer uma transcrição entre aspas mas possuir apenas o conteúdo da paráfrase, só há uma solução: voltar ao texto original para copiar o trecho.

Ressalte-se, ainda, no que respeita à feitura dos RLOs, que não é preciso fazer fichamentos e leituras dos livros e textos inteiros. A decisão sobre a extensão do texto a ser lido tem de ser tomada com base no tema da pesquisa e no material colhido. Em algumas vezes um capítulo específico dentro de uma grande obra será apenas o necessário. Noutras, será o livro todo.

De qualquer maneira, quando for buscar informação na própria obra, para poder definir aquilo que você fichará, leia, no que se refere a livros, inicialmente as "orelhas" (isto é, as informações que, às vezes, constam das partes dobradas das capas), depois a introdução, a apresentação e o prefácio (se houver) e a conclusão (se houver), nessa ordem. Um livro deve estar editado de tal maneira que a ordem de leitura acima propicie ao leitor uma visão panorâmica do texto publicado e do trabalho do autor. A leitura da conclusão, quando ela existe, fornece mais elementos preliminares para que se possa descobrir se aquilo que se está buscando consta do livro. Evidentemente, o sumário indicará os temas de interesse especificados.

5.3.3.3 O relatório de leitura de temas – RLT

No RL de temas você adotará a mesma técnica utilizada para a elaboração do RLO. A diferença está em que no RLO você fichará obras de autores, enquanto no RLT são os temas que interessam. Você abrirá arquivos/fichas colocando no alto o título do tema e, após um espaço em branco, transcreverá os trechos ou as paráfrases; ao final das transcrições colocará os dados bibliográficos.

Assim, por exemplo, o título do tema é "precatório". Vejamos um RLT.

RLT (tela do micro/ficha-cartão/folha de papel)

precatório *"... as sociedades de economia mista, as empresas públicas e outros que tais não constituem 'Fazenda Pública', senão 'lato sensu', sendo certo que 'a execução de julgados proferidos contra tais entes não se processa pelo sistema contido no art. 100 da Constituição Federal e nos arts. 730 e 731 do Código de Processo Civil'.* *Apenas as autarquias, além da própria administração 'central', por assim dizer, estão sujeitas a esse tipo de execução"* (Wanderley José Federighi, *A execução contra a fazenda pública,* p. 11) etc.

5.3.3.4 O relatório de leitura de normas jurídicas – RLN

Quanto à leitura e fichamento do texto de norma jurídica em geral ou de uma lei especificamente, há um tratamento diferenciado. A lei, via de regra, será fonte primária de pesquisa. Seu texto editado deve ser lido diretamente, riscado, grifado etc. (ver sobre esse assunto os itens 5.1 e 5.2 *retro*).

Todavia, em muitas pesquisas algumas normas jurídicas ou, especialmente, artigos de normas jurídicas serão utilizados não como fonte primária, mas sim como elemento de suporte da redação do texto. E mesmo algumas vezes, ainda que o tema seja uma norma jurídica (por exemplo, "O princípio da igualdade do art. 5º, *caput*, da Constituição Federal"), você pode querer anotar outras normas jurídicas ou artigos. Nesses casos, não há problema em abrir RLs para essas anotações. Copie o texto da norma jurídica que interessa *ipsis litteris*, anotando seu número e data da publicação no *Diário Oficial*. Se for transcrevê-la na redação do texto, fará ser precedida da expressão *in verbis* (ver, a respeito da redação, o Capítulo 6, subitem 6.3.4).

Assim, por exemplo, digamos que da Lei n. 8.137, de 27-12-1990, só lhe interesse o inciso VI do art. 7º. Você, então, fará o seguinte RLN.[13]

RLN (tela do micro/ficha-cartão/folha de papel)

> *Lei n. 8.137, de 27-12-1990 (DOU*[60]*, 28 dez. 1990)*
>
> *Art. 7º Constitui crime contra as relações de consumo:*
>
> *(...)*
>
> *VI – sonegar insumos ou bens, recusando-se a vendê-los a quem pretenda comprá-los nas condições publicamente ofertadas, ou retê-los para o fim da especulação;*
>
> *(...)*
>
> *Pena – detenção, de 2 (dois) a 5 (cinco) anos, ou multa.*
>
> *Parágrafo único. Nas hipóteses dos incisos II, III e IX pune-se a modalidade culposa, reduzindo-se a pena e a detenção de 1/3 (um terço) ou de multa à quinta parte.*

13. *Diário Oficial da União.*

5.3.3.5 O relatório de leitura de jurisprudência – RLJ

Com a jurisprudência você fará o mesmo que com as normas jurídicas. Anotará a decisão com todas as informações necessárias, que são: tribunal, turma ou câmara, grupo regular ou especial que julgou, nome do relator, resultados dos votos (se unânime ou por maioria), data do julgamento, número e tipo de recurso, data da publicação da decisão, veículo da publicação (*DOU*, *DOJ* Estado... etc.) e outros dados essenciais que apareçam na publicação. Além disso, se a decisão foi publicada em revista, o nome e número da revista e, ainda, a primeira página em que a decisão saiu (ver, a respeito da redação e uso desses dados, o Capítulo 6, subitem 6.3.4).

Se estiver fazendo pesquisa jurisprudencial, poderá anotar no RL apenas a ementa, um resumo feito por você ou a indicação do sentido da decisão (favorável ou contra), mantendo arquivado o texto completo das decisões (cópia ou livro). Assim, você registra o que lhe interessa da decisão e faz uma anotação pessoal de onde a encontrará.

Vejamos um exemplo.

RLJ (tela do micro/ficha-cartão/folha de papel)

Indenização – Dano Moral – Inscrição indevida nos cadastros de inadimplentes – A remessa, mesmo que por equívoco, do nº do CPF aos cadastros restritivos de proteção ao crédito é passível de indenização por dano moral – Decisão mantida – Recurso improvido (Ap. 098.782.4/4-00, 5ª Câm. Civ. TJSP, Rel. Des. Carlos Renato, j. 3.8.2000, v.u.). Íntegra na cópia nº 7.

Publicidade – Propaganda enganosa – Oferta do anunciante inferior ao valor real da mercadoria no mercado – Artifício ilusório – Má-fé da vendedora. – Indenização ou cumprimento do contrato. (Ap. 142.976-1/3, 4ª Câm. Civ. TJSP, Rel. Des. Alves Braga, j. 17.10.1991, v.u., in RT, 682*:74.) Íntegra na cópia nº 8*[14].

Contrato – Compromisso de compra e venda – Moradia popular – Pedido revisional de cláusulas, cumulado com revisional de prestações e do saldo devedor – Depósito, nos autos, das prestações vencidas e, mês a mês, das que se forem vencendo durante o processo.

Admissibilidade – Providência autorizada pelo Magistrado com apoio no seu poder geral de cautela – Observância do art. 6º, incisos VII e VIII, da Lei Federal n. 8.078, de 1990 – Recurso não provido... (Ag. I 223.218-2, Araçatuba, agravante: Companhia Regional de Habitações de Interesse Social – CRHIS, agravados: José Roberto Trevisan e outros. 11ª Câm. Civ. TJSP, Rel. Des. Gildo dos Santos, negaram provimento, v.u., j. 21.10.93). Íntegra e comentário in Luiz Antonio Rizzatto Nunes, O Código de Defesa do Consumidor e sua interpretação jurisprudencial, *p. 11-14*[15].

14. Quer dizer que no seu arquivo pessoal de cópias de decisões você tem as decisões na íntegra e essas são as de número 7 e 8. Você efetuou uma numeração própria.

15. Supõe-se que nesta hipótese você tenha o livro no qual a decisão integral está transcrita (e, no caso, também comentada).

5.3.3.6 O relatório de leitura de anotações pessoais/observações gerais – RLA

No RL de anotações pessoais, você registrará tudo aquilo que lhe ocorrer para incluir no trabalho futuro.

O RLA, a rigor, será aberto no início dos trabalhos[16], tão logo você decida sobre o tema, uma vez que desde aquele momento você já poderá ir refletindo sobre o que irá fazer.

O RLA serve de preliminar de posições que serão assumidas; funciona como uma espécie de "rascunho" das construções que você fará na redação da monografia.

Passe para o RLA seus pensamentos e ao final coloque a data. Ela servirá como indicação do momento em que você escreveu o texto, caso precise posteriormente.

5.3.3.7 O relatório de leitura de dados biográficos de autores – RLD

Esse RL somente será aberto e utilizado se você for fazer uma pesquisa dos dados biográficos do autor ou autores estudados. Nesse caso passará para ele os elementos encontrados, com as referências das fontes. Destas, anote os dados bibliográficos completos.

16. Ler o subitem 5.2.4 *retro*, que complementa o presente assunto.

6

A redação da monografia

Chegamos, enfim, ao momento próprio de produção do texto. Nesse instante, é importante que as etapas anteriores tenham sido cumpridas.

No entanto, ainda que alguns elementos faltem (p. ex., um livro que não tenha sido encontrado) ou venham a surgir novas necessidades daqui para a frente, a redação, de qualquer maneira, deve ter início. Será possível, mesmo nesta fase, fazer pesquisa e buscar novos dados a serem utilizados, porém não se deve atrasar o início da redação da monografia.

6.1 A LINGUAGEM USADA NO TEXTO

6.1.1 Aspectos gerais

Teoricamente um trabalho científico deveria ser produzido para que toda a comunidade o entendesse. Para tanto, a linguagem utilizada na redação deveria ser a mais simples possível. O autor deveria utilizar-se de termos compreensíveis para os cidadãos em geral.

Todavia, o texto do trabalho científico não tem essas características. Basicamente por dois motivos: a) a necessidade de utilização do linguajar técnico da área específica de investigação, uma vez que é impossível elaborar um trabalho científico sem lançar mão desse recurso; b) a exigência de apresentar proposições controláveis em termos de rigor linguístico e que permitam à comunidade científica, na qual o trabalho está inserido, entender a comunicação.

Esses motivos fizeram com que a monografia acabasse por se construir cada vez mais por uma linguagem técnica, de tal maneira que essa é a característica fundamental do texto.

Elaborar um texto técnico e, ao mesmo tempo, ou *a posteriori*, "traduzi-lo" para o público leigo exige um esforço brutal do autor, que teria, praticamente, de escrever dois textos. De todo modo, não se esqueça que você deve escrever para os leitores: os membros da banca, evidentemente, e, claro, o orientador, mas também para todos os outros leitores potenciais – da área ou não. A preocupação de quem escreve deve estar voltada para quem lê.

No campo jurídico não é diferente. Deve-se usar uma linguagem técnica nos seus sentidos estritos e rigorosos para que a comunicação se faça de modo adequado aos estudiosos da área.

É fato, porém, que nenhum texto científico consegue ser elaborado com a utilização apenas dos termos técnicos. É sempre necessária uma mescla com a linguagem natural. A língua pátria é fundamental para dar suporte às hipóteses, às apresentações, ao arranjo geral do texto, à amarração dos capítulos etc.

No campo do direito, sem dúvida, a mescla da linguagem técnica com a natural é marca característica dos textos em geral. No entanto, isso não significa que será possível usar termos técnicos com os mesmos vícios que a linguagem comum comporta. Uma monografia científica tem de ser precisa. Ora, se se vai utilizar linguagem técnica – o que é inevitável –, ela tem de estar adequada ao contexto da investigação. Não há problema em utilizar linguagem comum, o que não se pode fazer é empregar linguagem coloquial, chula ou gíria (do tipo: "sabe, né?", "falô", "é isso aí", "tá falado"). Além disso, lembro que a linguagem há de ser clara e formal, mas não precisa – nem deve, como penso – ser gongórica ou rebuscada.

Como é sabido, o uso de termos vagos, imprecisos, ambíguos, na linguagem natural é frequente e, apesar de seu uso rotineiro, não interrompe nem prejudica a comunicação, uma vez que não há preocupação com o rigor.

É verdade que os termos técnicos também aparecem na comunicação regular dos indivíduos, mas, também, podem e acabam sendo utilizados com sentidos trocados ou sem precisão adequada. Para ficarmos com um exemplo da área jurídica, basta uma olhada no uso de termos jurídicos pela grande imprensa. Troca-se frequentemente "sequestro" por "rapto"; "furto" e "roubo" são tomados como sinônimos; "decisão judicial" é intitulada "parecer" etc.

Já no plano do trabalho científico deve-se tentar evitar ao máximo o uso de termos imprecisos, vagos ou ambíguos, ainda que se tenha de utilizar da linguagem natural. E, ainda que seja praticamente impossível eliminar completamente o uso de termos imprecisos ou vagos, é preciso muita atenção para identificá-los, cuidado na sua colocação e apuro para verificar se haverá necessidade de explicação adicional ou troca do termo por outro[1]. Contudo, na utilização do termo técnico, seu sentido tem de ser rigoroso.

É certo que, pelo menos na área jurídica (mas, também, em outras, como a linguística, a filosofia etc.), há conceitos definidos de forma diversa por vários autores. A própria palavra "direito" é o

1. Sobre os vícios da linguagem natural e os problemas dos vícios na linguagem jurídica, ver Genaro R. Carrió, **Notas sobre derecho y lenguaje**, *passim*.

exemplo mais elucidativo disso: há várias propostas para sua definição; livros inteiros tratam só do conceito de "direito".

Ora, se isso é realmente um fato, o investigador, sempre que se deparar com termos técnicos que comportarem mais de um sentido, terá de deixar claro a qual deles se filia e em qual sentido os utiliza.

Evidentemente, os termos técnicos tidos como lugares-comuns da argumentação jurídica ou dos textos normativos não precisarão dessa distinção, nem da tomada de posição pessoal. Quando o investigador escrever "lei federal", "costume jurídico", "apelação", "agravo de instrumento", não terá necessidade de definir tais termos. Como, também, se se referir ao Código Civil brasileiro, não precisará citar a Lei n. 3.071, de 1º-1-1916.

E, exatamente pela mesma razão, não poderá usar "rapto" no lugar de "sequestro". É compreensível que o público leigo confunda os dois, mas inadmissível que o estudioso da área jurídica o faça.

Haverá, no entanto, um tipo de trabalho que exigirá abordagem do sentido desses termos que são lugares-comuns, inclusive com sua evolução histórica, sua etimologia etc. Será aquele cujo tema seja exatamente o próprio termo. Por exemplo: "O costume jurídico" ou "O recurso de agravo de instrumento" etc.

Você deve tomar cuidado com o uso de frases ou termos que não sejam passíveis de ser demonstrados ou comprovados. Assim, por exemplo, devem ser evitadas expressões como "todos entendem que", "para a maioria", "não há nenhuma decisão nesse sentido", "ninguém concorda" etc.

Para utilizar essas proposições é necessário demonstrar sua validade e ter em vista seu conteúdo. É muito difícil senão impossível fazer a demonstração: não há como provar que não existem decisões judiciais sobre aquele assunto; é impossível provar que ninguém concorda etc.

Se você quiser usar esse tipo de argumento, altere a redação. Explique, por exemplo, que na sua pesquisa, feita nas decisões publicadas na revista X do tribunal Y, no ano Z, não foi encontrada nenhuma decisão judicial contrária àquela tese. Ou diga que os autores A, B, C, D etc. pensam nesse sentido; enfim, demonstre e comprove claramente suas afirmações.

6.1.2 Eu ou nós?

Uma dúvida corrente: o estudante deve produzir seu texto na primeira pessoa do singular ("eu acredito que...") ou na primeira do plural ("nós pensamos que...")?

A comunicação científica deve ter um caráter formal e impessoal. Por conta disso, deve-se evitar a construção da oração na primeira pessoa do singular. O mais adequado é construí-la com o "nós" ou utilizar-se de recursos que tornem o texto impessoal. Assim, por exemplo, as seguintes expressões: "conclui-se que", "percebe-se pela leitura do texto", "é válido supor", "ter-se-ia de dizer", "verificar-se-á" etc.

Não é necessário, portanto, dizer: "conforme vimos no item anterior". Diz-se: "conforme visto no item anterior", ou, em vez de "dissemos que", "foi dito que" etc.[2].

Apesar do uso do "nós" ou da expressão impessoal ser o mais indicado, vai acontecer de em determinados trechos do trabalho você ter de utilizar o "eu" para não prejudicar o entendimento. Variar-se-á, nesse caso, a forma para salvar a comunicação.

Por exemplo, neste livro, no subitem 6.3.6.2, letra "b", foi necessário usar o "eu" para explicar um procedimento específico. Não

2. Ver, no mesmo sentido, Umberto Eco, **Como se faz uma tese**, p. 120.

haveria outra forma de fazê-lo. Se se tivesse utilizado o "nós" a comunicação teria ficado falha (verifique).

6.2 A INTRODUÇÃO

Não se escreve a monografia para si mesmo. Ela é elaborada para que outros a leiam, já disse. Essa é uma assertiva que o estudante deve ter em mente durante a feitura de todo o texto, e com muito mais razão deve levá-la em conta neste ponto.

A introdução, como o próprio nome indica, deve propiciar ao leitor uma visão panorâmica do que virá, introduzindo-o no tema explorado. Ela é, portanto, uma promessa.

Deve, também, não só apresentar eventuais dúvidas e problemas que surgiram durante a investigação, mas também mostrar até a dificuldade existente para a escolha do próprio tema.

Além disso, é importante dizer algo a respeito do método utilizado na elaboração da monografia como um todo, isto é, pesquisa, organização, redação etc. E, se necessário, apresentar a forma especial de raciocínio utilizada.

Tudo isso de maneira sucinta, sem qualquer desenvolvimento. Geralmente se gastam duas ou três páginas com a introdução[3].

Se, eventualmente, a monografia trouxer algo novo, por exemplo, em relação ao método de apresentação do trabalho, e isso for fundamental, será necessário realçar esse ângulo. Porém, como a introdução há de ser sintética, sua exposição extrapolaria os limites impostos. Nesse caso, o correto é fazer mera indicação desse aspecto e abrir a redação com um capítulo preliminar que discuta e apresente a questão do método.

3. Claro que guardadas as proporções na relação com a dimensão do trabalho. Todavia, ainda que a monografia tenha 600 páginas a introdução deve ser curtíssima.

O pecado é desenvolver qualquer assunto na introdução.

Deve-se evitar ao máximo, também, qualquer citação de autores e textos em rodapé. Far-se-á a remissão apenas quando for impossível não fazê-la.

Para escrever a introdução, o estudante tem de conhecer todo o trabalho realizado, uma vez que vai apresentá-lo. Tem de ter uma visão completa da monografia já pronta. Por isso, a introdução será a última parte do texto a ser escrita.

Após terminar a redação final, respirando o ar aliviado de quem venceu a batalha, o estudante escreverá, do alto de sua conquista e de posse de todo o conhecimento adquirido na produção, a introdução, para mostrar ao leitor o que este encontrará no trabalho. É uma peça de sedução: não deve contar tudo, mas apontar o que o trabalho revelará.

Por isso, então, é que a introdução não é capítulo, não sendo numerada. Após a introdução vem o primeiro capítulo[4].

6.3 O DESENVOLVIMENTO E SUAS ETAPAS

6.3.1 A problematização como hipótese de trabalho

Uma boa maneira de se produzir o texto é "problematizar" os assuntos abordados. Tome cada um dos tópicos relevantes e, mentalmente, coloque em xeque as alternativas possíveis que tais pontos apresentam.

Como orientação pode-se seguir o conselho que Descartes dá no seu *Discurso do método*. O famoso filósofo diz que para buscar a

4. Ver à frente os comentários sobre a conclusão (item 6.4), que também não é capítulo e que é a penúltima parte a ser escrita.

verdade ou evidência usam-se as seguintes regras: a) deve-se fazer uma análise, dividindo cada uma das dificuldades que se apresentem em tantas parcelas quantas sejam necessárias para serem resolvidas; b) deve-se utilizar da síntese, ordenando os pensamentos, partindo dos objetos mais simples e mais fáceis de serem conhecidos e indo aos poucos para o estudo dos mais complexos, sempre de maneira gradativa (do mais simples ao mais complexo); e c) enumera-se tudo quanto foi examinado, de modo a ter certeza que nada foi esquecido, extraviado ou omitido.

Tais regras representam exigências da razão. São, portanto, estritamente racionais.

Note-se que a problematização do tema no nível do desenvolvimento da pesquisa e elaboração da monografia tem função diversa da problematização do tema na oportunidade de sua definição[5]. Lá, como vimos, a função era ter certeza – ou mais certeza – de que o tema tinha sido apropriadamente escolhido e bem definido. Aqui a intenção é outra: trata-se de levantar questões que deverão ser investigadas para serem resolvidas durante o trabalho de pesquisa e elaboração do texto.

A definição muito clara dessas questões, isto é, a colocação do assunto de maneira problematizada, fará com que a excelência do texto surja. Uma problematização bem feita e solucionada revela a qualidade do pesquisador e de seu trabalho. E, o que é mais importante, nesse caso, um bom estudante que conseguiu cumprir sua meta.

Também, diferentemente da problematização do tema, cujas questões são feitas pelo investigador para ele mesmo, sem necessidade de que elas sejam escritas no texto, no desenvolvimento da monografia, os aspectos relativos à problematização podem ser colocados no corpo do trabalho.

5. Tratada no Capítulo 2 *retro*, subitem 2.3.3.3.

Esses aspectos podem ser transcritos de forma afirmativa, apontando o problema em si. Vejamos um exemplo extraído de um trabalho de Maria Helena Diniz ao tratar do tema **Conceito de norma jurídica como problema de essência**[6]:

> PROBLEMÁTICA DO CONCEITO
> DA NORMA JURÍDICA
>
> Tem razão Alexandre Caballero ao afirmar que "é um fenômeno normal o da evolução dos conceitos, mesmo dos mais elementares e fundamentais. Quanto mais manuseada uma ideia, mais ela fica revestida de minuciosos acréscimos, sempre procurando os pensadores maior penetração, maior exatidão, maior clareza".
>
> (...)
>
> Dessa maneira, quem quiser orientar-se acerca do problema do *eidos* da norma jurídica encontrar-se-á, portanto, diante de uma imensidão caótica de orientações, e pontos de vista diferentes que lhe não será fácil dominar.
>
> Isto nos leva a pensar na necessidade de buscar, com absoluta objetividade, o conceito da norma jurídica, pois não existe entre os juristas um certo consenso na definição da norma jurídica.
>
> (...)
>
> Os físicos e os químicos não teriam grandes dificuldades para definir o objeto de seu estudo como têm os juristas;
>
> (...)
>
> Tal ocorre porque "nas ciências exatas, os vocábulos têm, em regra, um significado bastante preciso; um físico ou um químico jogam com um vocabulário próprio e o fazem com certa garantia de que dada palavra traduz sempre um significado constante e comum entre os cultores das respectivas ciências, ao passo que nas ciências culturais, como é o direito, essa precisão terminológica é difícil".

6. São Paulo: Revista dos Tribunais, 1976, p. 1-5.

(...)

Este vocábulo "norma jurídica" tornou-se banal, todos mais ou menos o empregam sem o menor embaraço, muitos com ênfase. E, contudo, poucos terão, talvez, uma exata consciência do alcance filosófico deste conceito, para não falar na vastíssima problemática que ele desperta em torno de si. Urge, portanto, deter-se na meditação da norma jurídica, a fim de se determinar seu conteúdo conceitual, ou seja, sua essência.

De que forma se determina a essência da norma jurídica?

Para tanto dever-se-á ter presente que "um dos caminhos para a descoberta das essências das coisas é o que leva à intimidade das palavras que as simbolizam", (...) "As palavras não são criações da fantasia, cada qual tem seu sacrário. E em cada sacrário verbal dorme o mistério de algum ser do mundo".

Os conceitos refletem, no nosso entender, a essência da coisa, e as palavras são veículos dos conceitos. Isto supõe a relação entre significados das expressões linguísticas e a realidade.

(...)

A operação de se revelar o que um objeto é, por meio da enunciação de seus aspectos inteligíveis, chama-se operação de definir, cujo produto é a definição, que marca o objeto a estudar, impossibilitando o risco de se tomar um objeto por outro.

(...)

É mister definir exatamente a norma jurídica, purificando-a de seus elementos contingentes, que encobrem sua verdadeira natureza, assinalando as essências que fazem dela uma realidade diferente de todas as realidades sociais.

Dever-se-á, então, formular não uma mera definição nominal da norma jurídica, mas uma definição real dela, porque é a que desvenda as essências das próprias coisas que essa palavra designa. Logo, a definição real essencial propriamente dita é a que revela a essência da norma jurídica pelos elementos constitutivos da sua essência, ou melhor, é a que se faz pelo gênero próximo e a diferença específica; sendo o gênero próximo, a ideia imediatamente superior, quanto à extensão, à ideia de norma; e a diferença específica é a qualidade que, acrescentada a um gênero, constitui uma espécie, distinta como tal de todas as espécies do mesmo gênero.

Assim, o conceito de norma jurídica deve conter notas próprias e "essenciais" que não podem faltar nunca e não notas "acidentais" ou "contingentes", isto porque a norma jurídica como todo objeto comporta uma essência e toda essência comporta elementos contingentes, e, tudo aquilo que é contingente implica, precisamente, a posse de uma essência, de um *eidos*, ou seja, essência pura.

Portanto, o conceito da norma jurídica, para ser universal, há de abstrair de todo conteúdo, pois o único caminho possível será não reter no esquema conceitual, o conteúdo, que é contingente, variável, heterogêneo, determinado *hic et nunc*, mas sim as essências, que são permanentes e homogêneas. Ante a multiplicidade do dado, o conceito deve reter apenas o elemento comum, a essência que se encontra em toda multiplicidade.

Para a elaboração do conceito da norma jurídica dever-se-á recordar os princípios que devem informar toda definição:

1º – A definição deve ser convertível ao definido;

2º – A definição deve ser mais clara que o definido;

3º – O definido não entra na definição;

4º – A definição deve ser, de preferência, positiva;

5º – A definição deve ser breve.

Seguindo estas regras chegar-se-á a um conceito de norma jurídica que seja síntese dos elementos necessários, ou melhor, que fixe a essência da norma jurídica.

Cabe salientar uma vez mais que nesta dissertação perseguimos, antes de mais nada, clareza e síntese conceitual[7].

7. Suprimimos as notas de rodapé do texto original, uma vez que nossa intenção aqui é deixar o exemplo bem claro para o leitor no que respeita à problematização. As notas têm importância, mas no plano em que foram apresentadas no texto original.

Pode-se, também, levantar questões propriamente ditas. Por exemplo, ao tratar do tema "A influência da lei na sociedade", pode-se iniciar o texto com o seguinte:

> Nossa pretensão aqui é demonstrar como a lei influi no meio social e qual a extensão de seu poderio. Nesse sentido algumas indagações já clássicas na doutrina jurídica devem ser arguidas e respondidas:
>
> – Que força tem a lei para mudar o comportamento social?
>
> – Há relação direta entre o conteúdo da lei e o comportamento social?
>
> – O cumprimento da lei pela sociedade é prova de sua eficácia?
>
> E como consequência de uma resposta a essa última questão, deve-se fazer outra, a contrário-senso, e da mesma importância:
>
> – O não cumprimento da lei é prova de sua ineficácia?
>
> Comecemos, pois, a apontar os aspectos que nos farão suscitar problemas relacionados com tais questões, para que possamos respondê-las[8].

É possível também problematizar de maneira afirmativa, sem levantar indagações expressamente: apenas se aponta de forma descritiva o problema que será estudado, em todos os seus ângulos, não só de ordem conceitual, mas também como reflexo de um momento histórico, como problema de ordem legal, da incerteza trazida pelas decisões judiciais, do limite das posições doutrinárias, enfim, apresentando de forma crítica aquilo que será estudado. Ver-se-á no exemplo a seguir, transcrito da dissertação de mestrado de Luiz Alberto David Araujo, como isso se dá.

8. As questões foram extraídas do nosso **A lei, o poder e os regimes democráticos**. São Paulo: Revista dos Tribunais, 1991, p. 11 (uma nota de rodapé do texto original foi aqui suprimida pelos mesmos motivos do exemplo anterior).

Eis o texto:

O presente estudo tem a finalidade de noticiar uma inovação constitucional que há muito merecia ter ocorrido: a proteção da imagem. Na esteira das constituições mais recentes, como o diploma espanhol, de 1978, e o português, de 1976, com sua primeira revisão em 1982, a Constituição Brasileira elevou a imagem a um bem constitucionalmente assegurado, garantindo-se de forma expressa.

Não se pretende a análise da questão sob o ponto de vista infraconstitucional, como têm feito ilustres civilistas do porte de Antônio Chaves, Walter Moraes e Hermano Duval.

A ideia deste é analisar os conceitos trazidos pelo novo texto constitucional, confrontando-os, algumas vezes, com a doutrina existente a respeito do tema.

O trabalho identifica duas espécies de imagem, protegidas constitucionalmente, trabalhando com cada uma das espécies. Há uma imagem-retrato, decorrente da identidade física do indivíduo, e uma outra imagem, de caráter mais moderno, distinta da honra, como se verá durante o trabalho, que envolve o indivíduo dentro de suas relações sociais. Chamaremos essa segunda espécie de imagem-atributo, situação que poderá ser aplicada às pessoas jurídicas.

O trabalho, assim, foi dividido em duas partes: a primeira, de cunho introdutório, parte do conceito de imagem, apresentando os dois tipos de imagem protegidos. Quanto ao primeiro tipo, imagem-retrato, há uma duplicidade de enfoques, quando se desdobra em direito à fisionomia e direito à imagem, como produto de sensação que a reproduz.

Verificado o primeiro tipo, vamos apresentar o segundo tipo de imagem protegida, a imagem-atributo. Segue-se a análise da imagem como um bem para o direito, especialmente face à sua elevação constitucional. As teorias sobre a autonomia, ou não, do direito à imagem são apresentadas de forma apenas descritiva, já que, em vista do novo texto, muitas das teorias ficaram prejudicadas. A imagem ganhou assento constitucional e de forma pródiga, tornando, de alguma forma, superada a discussão sobre a autonomia do direito. Essa análise leva ao reconhecimento de uma posição de autonomia.

A partir da demonstração das várias teorias, chega-se à constatação de que, em muitos casos, a proteção da imagem acaba sendo confundida com a proteção de outros bens, como a privacidade, a honra, etc.

Inegável, no entanto, quer sob a ótica do direito ao retrato, quer no enfoque da imagem-atributo, esteja localizado o direito à própria imagem no campo dos direitos da personalidade.

Em face da inovação constitucional, entendeu-se necessária a localização do direito à imagem na evolução das liberdades públicas, já que, apenas a partir de um panorama histórico, seria justificável a sua aparição.

Dentro desse percorrer histórico, pretendeu-se uma análise dos textos constitucionais pátrios, onde a imagem nunca foi protegida explicitamente.

Ao terminar a primeira parte, o estudo se propõe a uma análise da jurisprudência de até então, para que seja verificado qual o fundamento das decisões protecionistas até a promulgação do novo diploma constitucional. Nesta análise, veremos a orientação de nossos Tribunais no tratamento do tema e um reconhecimento implícito da duplicidade de enfoques, cuidando a jurisprudência de mencionar a imagem em suas duas formas. Nas decisões judiciais, poderemos demonstrar com facilidade que ambos os conceitos são prestigiados, apesar de não restar clara a separação aqui pretendida.

A segunda parte, que chamamos de específica, cuidará da positivação do direito à imagem, transcrevendo seus artigos e analisando-os. Não se pretende, contudo, cuidar de todas as hipóteses, mas apenas de dar ao leitor qual o perfil desse direito adotado pela nova Constituição.

Em seguida, apresentamos a análise da prodigalidade de tratamento legal, pois a imagem vem expressamente consagrada em três tópicos do art. 5º, incisos V, X e XXVIII, cuidando-se de cada dispositivo de forma separada, não deixando, no entanto, de se atentar para uma análise sistemática. A duplicidade de direitos (imagem-retrato e imagem-atributo) será apresentada, demonstrando como o texto constitucional tratou, em momentos distintos, dos dois bens.

Traçado o perfil constitucional da imagem, vai-se cuidar da extensão desse direito, especialmente no que tange à sua restrição e em que dimensão ele pode ser entendido. A indenização será discutida, já que a Constituição Federal garante a responsabilização por dano à imagem.

O roteiro passará pela aplicabilidade dos dispositivos, assim como pela sua imutabilidade, concluindo pelo elevado grau de importância outorgada pelo constituinte à imagem[9].

6.3.2 Por onde começar?

Aqui mais uma vez o "esqueleto" do trabalho será referência obrigatória. Ele será o guia que você utilizará para desenvolver o texto.

Pode acontecer, contudo, que você se sinta preparado ou esteja mais animado ou, então, ande com vontade de tratar o assunto que está anotado no que será o seu capítulo VI. Pode começar a escrever a monografia por aí? Pode. Não há qualquer problema. Aliás, ao contrário, conforme o demonstramos no item 4.1 *retro*, é até muito salutar escrever fora da ordem, pois o texto final pode ficar mais claro para o leitor e, por isso, mais gostoso de ler.

Você começará de onde entender adequado e depois retomará o trabalho do início, conforme consta do "esqueleto". Quando estiver de volta ao capítulo VI, o relerá para adaptá-lo aos capítulos anteriores.

O "esqueleto", conforme já se disse, não é elemento estanque de organização do texto. Ele é feito para ser alterado. Por isso, antes de

9. A dissertação está publicada com o seguinte título: **A proteção constitucional da própria imagem: pessoa física, pessoa jurídica e produto**. Belo Horizonte: Del Rey, 1996, p. 17-9 (no texto original não há notas de rodapé).

iniciar a redação, releia-o todo. Cheque os capítulos, temas, títulos e subtítulos. Examine-o e desde já comece a trabalhar nele.

6.3.3 A forma lógica do texto

Você já fez um desenho prévio e lógico do desenvolvimento de seu texto ao elaborar o "esqueleto" (conforme orientação do Capítulo 4, item 4.1 *supra*). Terá, portanto, antes de iniciar a redação, uma prévia estrutura lógica que designará o começo, meio e fim da parte do desenvolvimento da monografia.

O esqueleto poderá mudar ou não, alguns capítulos poderão ser eliminados, e outros trocados de lugar. Contudo, em qualquer novo arranjo, não se pode esquecer da natureza lógica e sequencial (cronológica) da apresentação dos vários temas.

A redação será tal que deverá demonstrar, através de um conjunto de proposições, as várias questões levantadas, as posições dos autores investigados e as soluções buscadas, encontradas ou não. Enfim, na redação estar-se-á construindo um conjunto concatenado de argumentos capazes de montar um raciocínio que deixe claros os caminhos perseguidos e os objetivos alcançados.

Quando se tratar de demonstrar alguma prova para sustentar a tese apresentada ou a solução do problema levantado, os elementos probatórios deverão ser apresentados no corpo da redação, com referência às provas colhidas. Assim, por exemplo, se as provas forem decisões judiciais, estas serão citadas (conforme subitem 6.3.4.6 *infra*) e, eventualmente, transcritas no texto, de forma total ou parcial, ou juntadas no apêndice (conforme item 6.5 *infra*).

É possível, também, estruturar o texto com o rigor que uma investigação científica exige. Nesse caso, será necessário apresentar em ordem cronológica o tema, os problemas, as hipóteses para a solução destes, o conjunto de argumentos com as provas apresentadas e a comprovação (ou não) das hipóteses levantadas.

O trabalho científico terá, então, no que diz respeito ao desenvolvimento, o seguinte aspecto gráfico:

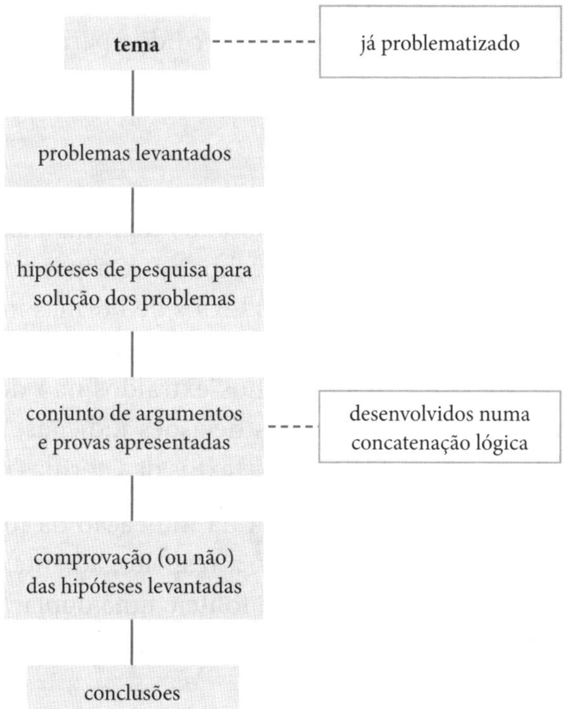

6.3.4 A utilização dos RLs – as citações

6.3.4.1 O uso dos RLs

É chegado, então, o momento da utilização dos relatórios de leitura elaborados, conforme os critérios estabelecidos no Capítulo 5, item 5.3.

Para redigir o texto, os RLs deverão estar todos à sua disposição. É importante, antes de iniciar a redação propriamente, dar uma "passada de olhos" nos vários RLs, a fim de relembrar títulos, temas principais e grifos das anotações pessoais.

Na medida em que você começou a escrever e a usar os RLs, vá separando-os e marcando-os para saber quais foram utilizados. No final, restarão RLs e trechos de RLs não adotados como material para a redação. Esses RLs deverão, então, ser lidos para se descobrir se podem ou não ainda ser úteis.

6.3.4.2 As citações

O transporte dos elementos anotados nos RLs para a redação e que venham de textos lidos (os trechos entre aspas que são transcrições *ipsis litteris*, as paráfrases, os textos de normas jurídicas etc.) é citação que servirá de base para a montagem dos argumentos. As citações virão, também, de trechos extraídos não dos RLs, mas diretamente dos livros e textos, das decisões judiciais, cujas cópias foram obtidas, ou estão editadas, dos textos das normas jurídicas etc.

Toda citação será acompanhada da indicação da fonte (em rodapé ou no sistema autor/data. Ver, a respeito, adiante, os subitens 6.3.6 e 6.3.8). A falta de referência à fonte é uma dupla violação: aos direitos do autor e à honestidade acadêmica, já que faz parecer que é do estudante aquilo que é de terceiro.

A citação tem, ainda, outra função além do respeito ao direito do autor e da honestidade científica: a indicação ao leitor da posição precisa do trecho no texto utilizado. Ela é fonte de informação ao leitor. Isso vale tanto para as citações literais quanto para as paráfrases.

6.3.4.3 Citações literais

Conforme adiantado quando do estudo dos RLs (item 5.3), as citações literais devem ser copiadas ao pé da letra, sendo o trecho colocado entre aspas.

A transcrição literal tem de ser fiel ao trecho transposto, de tal maneira que até eventuais erros (do autor ou da edição) do texto de origem devem ser transcritos. Quando o estudante encontrar um erro, deverá colocar logo após o termo ou proposição usados inadequadamente a palavra "sic" entre parênteses ou em grifo; "sic" significa "assim mesmo". Dessa forma o leitor da monografia saberá que o erro está no texto original.

O uso do "sic" vale, também, para construções que causem estranheza, que parecem sem sentido ou sejam contraditórias com o que o autor estava dizendo.

A técnica do "sic" é adequada, mas cuidado com ironias. Há autores que colocam à frente do "sic" uma exclamação ("sic!"). A exclamação reforça o "assim mesmo" de tal forma que parecerá ao leitor uma severa crítica ao autor citado. Se você quiser criticar o autor examinado, faça-o de forma construtiva, com argumentos sólidos.

Deixe a ironia para o momento em que você já se tiver tornado um grande cientista, profissional ou escritor, e, plenamente seguro de seu conhecimento, quiser criticar severamente alguém (imagine se um componente da banca gostar do autor ou concordar com aquela posição criticada ironicamente).

Some-se a isso o fato de que o artifício da ironia, para ter resultado no nível de uma comunicação científica, deve ser muitíssimo sutil. A grossa ironia mais desconstitui o emissor do que aquele que ela pretendia atingir.

O "sic" será utilizado, inclusive, para os equívocos dos textos das decisões judiciais e das normas jurídicas. Veja um exemplo extraído do **Código Civil e legislação civil em vigor**, de Theotonio Negrão[10]:

> Art. 766 (...)
>
> Parágrafo único. O herdeiro ou sucessor que fizer a remissão[1] fica sub-rogado nos direitos do credor pelas cotas que houver satisfeito.
>
> 1. Art. 766: "sic"; deve ser "remição".

10. São Paulo: Saraiva, 1995, p. 150.

6.3.4.4 Paráfrases

Também, conforme já dito no Capítulo 5, subitem 5.3.3.2, as citações podem ser feitas na forma de paráfrases.

Lembre-se, vale a pena repetir, que a melhor maneira de se produzir uma paráfrase é primeiramente ler com muita atenção o trecho escolhido ou os vários aspectos desejados, eventualmente repetindo as leituras, até ter compreendido aquilo que o autor quis dizer. Depois, sabida essa lição de cor, deve-se escrever, sem buscar apoio no texto, com suas próprias palavras, o pensamento do autor. Por cautela, depois de pronta, cheque o trecho para ver se está diferente.

O pensamento do autor deve estar presente na redação que você elaborar. O que irá variar será a construção das frases, do conjunto das palavras. De qualquer maneira, conforme já dissemos, a sua escrita não pode ser muito parecida com a do autor parafraseado, sob pena de acusação de plágio. Frise-se, também, que, se você não estiver conseguindo elaborar a paráfrase, então é melhor transcrever o trecho *ipsis litteris*, entre aspas.

Quanto às notas, no caso de paráfrase, as referências deverão ser ponderadas pelo estudante. Algumas vezes já numa primeira paráfrase se fará necessária a referência ao texto original, especialmente se for primeira e única. Noutras, o investigador deverá perceber qual é o momento da referência. Se se tratar de comentário amplo da obra ou opinião do autor, uma só nota de referência geral poderá bastar.

Vê-se que as paráfrases cumprem, também, a outra função da remissão ao texto original utilizado: a indicação ao leitor de sua posição precisa no texto.

6.3.4.5 Citação de normas jurídicas

As citações das normas jurídicas poderão ser feitas de forma literal e por meio de paráfrases.

Quando apresentadas na forma literal, serão precedidas da expressão *in verbis*.

Exemplo:

> O art. 14 do Código de Defesa do Consumidor dispõe, *in verbis*:
>
> Art. 14. O fornecedor de serviços responde, independentemente da existência de culpa, pela reparação dos danos causados aos consumidores por defeitos relativos à prestação dos serviços, bem como por informações insuficientes ou inadequadas sobre sua fruição e riscos.

Quando for apresentada através de paráfrases, deve-se fazer referência à norma jurídica (seu título, número etc.)[11] e/ou artigo referenciado.

Vejamos uma paráfrase em relação ao mesmo art. 14 citado:

> Com a aprovação do Código de Defesa do Consumidor (Lei n. 8.078/90) o prestador de serviços passou a ser responsável pelos danos que os defeitos dos serviços ocasionarem (art. 14). Tal responsabilidade é objetiva, isto é, independe de apuração de culpa.

Quanto à referência ao título das normas e/ou seu número e data da publicação, segue-se a praxe jurídica. Se for citada norma jurídica amplamente conhecida, basta utilizar seu nome (Constituição Federal, Código Civil brasileiro, Código de Processo Civil etc.). Mas, cuidado, há nomes conhecidos que se referem a normas que se alteraram muito. Se a referência for à Lei do Inquilinato, é melhor escrever "a vigente Lei do Inquilinato" para se referir à que está em vigor atualmente, uma vez que já tivemos várias. Ou, então, se preferir, diga, com mais precisão: "A Lei do Inquilinato (Lei n. 8.245, de 18-10-1991)".

11. Ver subitem 6.3.6.6 *infra*.

Essas normas conhecidas pelo nome podem ter o número citado e a data da promulgação especificados quando tais elementos fizerem parte do contexto da argumentação. Caso contrário, não há necessidade.

Para as demais normas, cita-se o número e a data da promulgação. Não é preciso incluir a data da publicação no *Diário Oficial*, a não ser que esta seja importante na argumentação. Por exemplo, fala-se "Lei n. 1.521, de 26-12-1951", e não "Lei n. 1.521, publicada em 27-12-1951".

Normalmente, quando a referência é somente à lei, trata-se de "Lei Federal". Quando se quiser indicar lei estadual ou municipal, deve-se escrever "Lei Estadual n. ...." ou "Lei Municipal n. ....".

Em relação aos outros tipos de normas, é preciso indicar seus títulos: "Medida Provisória n. ....", "Decreto n. ...." etc.

Não se deve esquecer que, ao fazer a transcrição de artigo de lei e também de parágrafo, a indicação deve se dar pela abreviatura "art.", seguida de numeração ordinal (1º, 2º, 3º etc.), até o nono, e cardinal a partir deste (10, 11, 12 etc.). Quanto aos parágrafos, utiliza-se o sinal gráfico "§" seguido do número (1º, 2º, 10, 12 etc.), mas, quando existente apenas um, usa-se a expressão "parágrafo único", por extenso[12].

Quanto às notas de rodapé, consultar o subitem 6.3.6.6 *infra*.

6.3.4.6 Citação de decisões judiciais

Da mesma maneira que as citações das normas jurídicas, as decisões judiciais poderão ser transcrição ao pé da letra ou mediante paráfrases. Se a hipótese for de transcrição *ipsis litteris*, o trecho virá antecedido da expressão *in verbis*. Desnecessário, obviamente, o uso dessa expressão na paráfrase.

---

12. No Brasil, essa forma de apresentação dos artigos e parágrafos está fixada na Lei Complementar n. 95, de 26-2-1998 (art. 10), cujo inteiro teor encontra-se no n. 6 do apêndice deste livro.

Em ambos os casos, deve ser feita a referência bibliográfica, conforme já dito no Capítulo 5, item 5.3, e, também, a ser descrito no subitem 6.3.6.5 *infra* (que deve ser lido). Lembre-se: deve constar tribunal, turma ou câmara, grupo regular ou especial que julgar, nome do relator, resultado dos votos (se unânime ou por maioria), data do julgamento, número e tipo do recurso, data de publicação da decisão, veículo de publicação (*DOU*, *DOJ* Estado... etc.) e outros dados essenciais que apareçam na publicação. Além disso, se a decisão foi publicada em revista, deverão constar o nome e o número da revista e, ainda, a primeira página em que a decisão saiu.

Relembre-se um exemplo: Ap. 098.782.4/4-00, 5ª Câm. Civ., TJSP, rel. Des. Carlos Renato, j. 3-8-2000, v.u., in *RT*, *682*:74.

6.3.4.7 A citação do óbvio

A técnica de citações deve ser resguardada para os aspectos nos quais a opinião do autor citado seja relevante. Não se deve utilizar uma citação para dizer aquilo que todos no meio acadêmico sabem ou, pelo menos, deveriam saber.

Não se deve dizer, por exemplo, "segundo Nelson Nery Junior, o direito do consumidor é característico da sociedade de massas". Ora, claro que Nery deve ter dito isso. Na verdade ele e qualquer outro autor que se tenha referido ao assunto. A opinião gabaritada do autor citado deve ser resguardada para assuntos que não sejam claramente conhecidos.

A afirmação *supra* não precisa da autoridade de Nelson Nery para ter validade. Bastaria dizer: "como se sabe, o direito do consumidor é característico da sociedade de massas"; ou "o direito do consumidor, característico da sociedade de massas..."; ou, ainda, "é notório que o direito do consumidor é característico da sociedade de massas"; tudo sem referência a qualquer autor.

6.3.4.8 A citação indireta/o uso do "apud"

Como se sabe, a citação indireta ocorre quando o estudante apresenta a posição de alguém citado por outrem.

Primeiramente, é preciso dizer que a citação indireta tem de ser evitada. Se o autor citado indiretamente tem opinião que é importante para a monografia, então o texto original é que deve ser utilizado. A citação deve ser direta, e não indireta. Esta somente é aceitável quando não é possível obter o texto do autor indiretamente citado. Por exemplo, se o texto não é encontrado nas bibliotecas.

Se o estudante não tiver alternativa e for fazer a citação indireta, deve tomar o cuidado de examinar se no texto utilizado a citação indireta está entre aspas ou não. Na primeira hipótese significa transcrição literal do texto referido indiretamente; na segunda, será paráfrase de um autor a respeito do pensamento de outro.

Será necessário então transcrever, no primeiro caso, a citação principal abrindo com aspas duplas (") e a indireta, com aspas simples ('). Na outra hipótese, apenas as aspas duplas. Se o trecho indiretamente transcrito for longo, ele, então, será citado com entrada diferenciada (em pequeno recuo), espaço menor, sem aspas. Nessa hipótese reservar-se-á o uso das aspas duplas para o trecho citado indiretamente (ver nossas citações *retro* do subitem 6.3.1)[13].

Na referência do rodapé será necessário citar primeiramente a obra indireta e a seguir colocar *apud* antes da citação da obra diretamente consultada.

Por exemplo:

13. Esse tema dos aspectos gráficos do texto está no Capítulo 7, que trata da redação definitiva do texto da monografia.

28. Goffredo Telles Jr. **Introdução à ciência do direito**. Apostila. Fasc. 4, 1972, p. 219, *apud* Maria Helena Diniz. **Conceito de norma jurídica como problema de essência**. São Paulo: Revista dos Tribunais, 1985, p. 3.

O autor e a obra citados indiretamente não entram na bibliografia final, o que é mais um motivo para não se fazer a citação indireta.

6.3.4.9 A citação de textos em língua estrangeira

Ocorrência que na área jurídica não é tão incomum: citação literal de trechos de obras em língua estrangeira, desacompanhada da respectiva tradução.

É possível encontrar várias obras produzidas dessa forma, inclusive monografias de estudantes.

Todavia, ainda que demonstrem erudição, os trabalhos desse tipo cometem uma falha: não comunicam o que queriam a seus leitores, uma vez que estes, por certo, estão lendo em sua língua pátria, o português, e não se pode garantir *a priori* que eles conheçam aquela língua estrangeira. E não se está falando só de textos em inglês, que têm um número razoável de leitores possíveis, ou em espanhol, que para nós, brasileiros, não é difícil de entender. Há textos em várias línguas: alemão, italiano, francês etc.

Para você, estudante, a orientação adequada é a seguinte. Se tiver ou quiser usar trecho de obra extraído do original publicado em língua estrangeira, faça-o, mas apresente quer a tradução no rodapé, quer o texto traduzido no corpo do trabalho e o original da língua estrangeira no rodapé. Essa segunda hipótese parece mais correta, porque não trunca a leitura do corpo principal da redação. Em ambos os casos coloque no rodapé: "tradução livre do autor", isto é, diga que a tradução é sua.

É possível, também, colocar no corpo do texto uma paráfrase e, no rodapé, o texto na língua original entre aspas.

6.3.4.10 A citação dos termos e brocardos latinos

Em se tratando de termos e brocardos latinos de uso comum, não há problema em utilizá-los sem qualquer tradução, uma vez que são lugares-comuns na argumentação jurídica. Já fazem parte da comunicação regular. Obviamente, não se vai traduzir *caput*, *data venia*, *a contrario sensu*, *nullum crimen, nulla poena sine lege*, *juris tantum* etc.

A tradução de termos e expressões desse tipo tem cabimento apenas em obras didáticas dirigidas a leigos ou estudantes iniciantes nos cursos jurídicos.

Claro que, se o trecho estiver em latim e não for de uso comum, deverá seguir a regra da tradução trazida no subitem anterior.

6.3.4.11 Outros termos estrangeiros de uso comum na argumentação jurídica

Da mesma maneira que quanto aos termos e brocardos latinos conhecidos, será possível usar termos estrangeiros sem tradução se estiverem já incorporados ao vocabulário jurídico regular.

Assim, não há necessidade de tradução nem problema em usar *franchising*, *merchandising*, *factoring* etc.

6.3.4.12 Qual a quantidade adequada de citações?

É difícil responder à questão do título acima. Não há regras para que se possa aferir quando se está citando demais e, eventualmente, de menos. Tudo dependerá do tipo, da extensão do trabalho e do volume das pesquisas bibliográficas.

Se o estudante está investigando a obra ou a produção científica de um autor em especial, é natural que ele faça muitas citações dos trechos das obras, uma vez que as estará analisando no próprio corpo da monografia.

Noutras vezes, as citações funcionarão como suporte à construção dos argumentos no corpo do trabalho.

É preciso usá-las com bom senso. Também se deve misturá-las com argumentos próprios. Não é de boa técnica fazer várias citações seguidas sem uma amarração intermediária pessoal. Nem é adequado apresentar um trabalho com uma quantidade muito grande de citações e uma pequena contribuição pessoal. A exceção fica, conforme já dito, para os textos analíticos/críticos de obras específicas ou de produção científica de determinado autor. Nesse caso, são admitidas em maior número[14].

As poucas citações ou a ausência delas não é característica dos trabalhos científicos. Nestes, espera-se que a pesquisa bibliográfica feita apareça. Admite-se texto com poucas ou nenhuma citação em trabalhos técnicos, cuja função é orientar a ação do leitor, ou textos didáticos que busquem transmitir conhecimentos diretos com simplicidade[15] e que demonstrem a experiência e/ou conhecimento pessoal do autor.

6.3.5 A tomada de posição

O trabalho monográfico é pessoal, e essa pessoalidade deve aparecer no texto. É muito comum encontrarem-se monografias nas quais o estudante apresenta uma série de posições de diferentes autores a respeito do tema e/ou problema investigado, mas não dá sua opinião a respeito. É um erro.

14. Ver no subitem 6.3.6.4 *infra* o mesmo problema no que respeita às notas de rodapé, como decorrência lógica do problema da quantidade de citações.

15. Este livro tem exatamente essa dupla função. Por isso tem poucas citações. Nos trabalhos acadêmicos avançados, como, por exemplo, os de livre-docência, admitem-se, também, poucas citações.

O estudante tem de assumir posições. Ele não precisa estar, de antemão, ao lado de quem quer que seja. Porém, deve deixar claro aquilo que pensa. É verdade que – infelizmente – alguns professores teimam em dizer – o que o fazem por vezes nas bancas – que a opinião do aluno, mestrando ou doutorando, não interessa. Ledo engano: o que mais interessa é exatamente o que pensa o autor do trabalho, pois só assim se pode ter certeza do aprendizado por ele obtido[16].

6.3.6 As notas de rodapé

É lamentável, mas com todos os recursos gráficos atualmente disponíveis ainda há editoras (muitas e algumas até bem importantes) que apresentam as notas dos autores ao final do livro ou – o que é pior – ao final de cada capítulo.

Essa forma errada de apresentar notas demonstra um profundo despreparo dos editores ou mesmo desprezo pelos leitores e até pela obra publicada, pois das duas uma: ou o leitor simplesmente deixa de ler as notas ou, com muita dificuldade, vai a todo momento interrompendo a leitura para procurá-las ao final do livro ou capítulo. Tudo, é claro, com prejuízo para a busca do entendimento do que está escrito.

Chame-se atenção para essa maneira equivocada de escrever, que dificulta a comunicação e que, apesar disso, no que diz respeito à referência dos dados, é prevista como adequada pela NBR 6.023 (no item 5 da norma). Esta dá a opção do uso do rodapé ou da referência apresentada ao final do texto ou do capítulo. E como se trata de opção, o melhor é desconsiderá-la em respeito ao leitor.

16. Lembre-se de que o direito de autor é protegido por Lei (n. 9.610, de 19-2-1998), que garante expressamente o autor de obra científica (art. 11). Anote-se, também, que viola o direito à imagem do autor aquele que o ofende, especialmente em público.

A nota de rodapé, graficamente, como o próprio nome diz, aparece ao pé da página, de forma sequencial, a partir de uma chamada numérica no corpo principal do texto, no ponto em que se quer fazer a remissão.

Exemplo:

> Marco Antonio Marques da Silva afirma que o direito processual penal brasileiro não admite a identidade física do juiz[1].
>
> 1. **A vinculação do juiz no processo penal**, *passim*.

Quanto aos demais aspectos gráficos da nota de rodapé (medida de entrada, corpo, tipo, espaço etc.), ver o Capítulo 7.

6.3.6.1 Funções das notas de rodapé

As notas cumprem algumas funções específicas que decorrem dessa básica, que é tirar do corpo principal do trabalho aquelas informações que são secundárias, deixando o texto mais limpo e fácil de ser lido e entendido. Vejamos tais funções:

a) A mais evidente função, e que todo estudante já sabe, é a de dar crédito à citação, cumprindo a obrigação legal e o dever de honestidade já citados (subitem 6.3.4.2 *retro*). As citações dos textos dos autores no corpo principal, quer seja *ipsis litteris*, quer seja através de paráfrases, devem ter remissão ao rodapé, no qual estarão colocados os dados bibliográficos (veja a seguir, no subitem 6.3.6.2, quais informações colocar e como fazer a nota de citação bibliográfica).

b) Como decorrência da primeira função específica acima, percebe-se outra função para o leitor, que é, de maneira direta, poder visualizar o âmbito da pesquisa e ter imediatamente dados que lhe darão acesso às obras utilizadas, sem ter de buscar na bibliografia e nas páginas dos livros utilizados (a citação precisa da página facilita esse trabalho ao leitor; ver abaixo subitem 6.3.6.2).

c) As notas servem, também, para que o estudante faça referência a obras que reforcem a argumentação do texto principal. Assim, por exemplo, "ver no mesmo sentido tal obra", "ver a esse respeito tal obra", "consulte-se na mesma direção o autor x em tal obra" etc.

d) Ou, ao contrário do anterior, servem para fazer referência a obras que apontam sentido contrário à argumentação do corpo do trabalho. Por exemplo, "ver, em sentido contrário, tal obra", "ver, de maneira diversa, tal autor na obra x".

e) As notas servem também para referência a outras obras, para uma comparação com outros textos, um cotejamento, um confronto com outras posições; nesse caso, o estudante não precisará dizer se a outra obra referida tem o mesmo sentido ou direção diversa, apenas dirá "confronte-se" ou "confrontar". Usa-se a abreviatura "Cf." ou "Conf.". Ex.: "Cf. tal obra", "Conf. Fulano...".

f) As remissões podem ser internas, isto é, relativas ao próprio texto que se escreve. Nesse caso, dir-se-á: "ver a respeito o Capítulo A *supra*" ou "ver o Capítulo X *infra*" etc.

g) Da mesma maneira, pode-se fazer cotejamento, confrontação interna, indicando-se o capítulo. Por exemplo, "Cf. Capítulo A *supra*".

h) As notas servem para que o estudante faça algum tipo de comentário complementar, que é importante, mas que não pode estar no corpo principal sem prejudicar a clareza da argumentação. Dizendo de outra forma, você está conduzindo os argumentos um após o outro. Num deles há um acréscimo que deve ser feito, mas que se inserido no corpo principal irá quebrar a ordem clara da escrita (e da leitura) e poderá fazer com que o leitor perca o fio da meada. Nesse caso a opção é a nota de rodapé, com a chamada remissiva ao fim da frase que se pretende complementar.

i) As notas são utilizadas, ainda, para ampliar o conteúdo ou reforçar as afirmações feitas no corpo principal, mas que, apesar de importantes, são acessórias em relação ao desenvolvimento ou porque o essencial já foi dito no texto principal.

j) As notas, por fim, servem para apresentar o texto original da língua estrangeira traduzida no corpo principal. Ou vice-versa: a tradução do texto citado no corpo, na língua estrangeira (ver, a respeito da citação de texto em língua estrangeira, o subitem 6.3.4.9 *supra*).

6.3.6.2 Como fazer a nota bibliográfica de rodapé

a) **Deve-se indicar apenas os dados mínimos necessários.**

Na área jurídica, nas milhares de obras editadas, existe uma série de notas bibliográficas com caracteres diversos. Nós aqui vamos apresentar um modelo que tem fundamento na simplificação do trabalho do estudante e que pretende não significar uma repetição de dados que já constam na monografia, em outro capítulo, a bibliografia.

Com efeito, no capítulo reservado à bibliografia deverão constar os dados completos para identificação da obra. Ver-se-á quando tratarmos do assunto (no item 6.6 *infra*) que uma completa indicação com nome do autor, do título da obra, tradutor, edição, cidade, editor e ano de publicação etc., além das características especiais normatizadas, se impõe na elaboração da bibliografia.

Contudo, a nota bibliográfica de rodapé deve dar apenas as informações necessárias para cumprir suas funções, permitindo que o leitor desde logo saiba a que obra o estudante está se referindo. As demais informações sobre a obra estarão indicadas na bibliografia, que poderá ser consultada para obtenção dos dados.

Ressalte-se esse aspecto de que não é preciso colocar todos os dados de referência na nota de rodapé (com as exceções da letra "b" a seguir explicitadas). É que o local adequado para que se esgotem as informações relativas às obras é a bibliografia. É lá que qualquer pessoa vai buscar os dados de que necessite. Repetir os elementos da bibliografia no rodapé serve apenas para aumentar o tamanho do rodapé; não tem outra função. Todavia, alguns autores colocam os dados completos, o que, claro, não desnatura o trabalho. Aliás, a NBR 10.520 também diz para se colocar os dados completos (item 7.1 da Norma), o que, reforce-se, é inútil. De todo modo, fica como opção ao estudante.

Nesse sentido, então, a nota bibliográfica de rodapé estará completa com a indicação do nome do autor, do título da obra e o número da página utilizada, tudo separado por vírgulas. Exemplo:

> 22. Nelson Nery Junior, **Atualidades sobre o processo civil**, p. 65.

Quando a referência for a mais de uma página, pode-se adotar a indicação específica ("p. 9-14") ou a sequencial (ex.: "p. 20 ss.", isto é, página 20 e seguintes).

Caso a referência seja genérica ao texto como um todo, isto é, indica-se um texto que aborda o tema em várias passagens e/ou capítulos, pode-se utilizar, em vez das páginas, a expressão "passim". Por exemplo:

> 22. Nelson Nery Junior, **Atualidades sobre o processo civil**, *passim*.

b) Dados completos.

Em duas hipóteses, a regra trazida na letra "a" anterior é excepcionada, conforme se verá a seguir. Nesses dois casos é necessário fazer a indicação na nota dos dados bibliográficos completos, conforme estabelecido no subitem 6.6 *infra*.

As exceções são as seguintes:

- quando se tratar de citação indireta[17] deve-se fazer a citação dos dados bibliográficos completos (antes do *apud*), pelo motivo natural de que, por se tratar de citação indireta, a obra não constará de bibliografia[18];
- quando se tratar de citação de obras que não guardem qualquer relação com o conteúdo da pesquisa bibliográfica. Por exemplo, neste livro, estou sendo obrigado a colocar indicações completas no rodapé de algumas obras utilizadas como exemplo das várias técnicas apresentadas. Tais obras foram escolhidas em minha biblioteca e não precisam constar (nem devem) da bibliografia, uma vez que não dão suporte ao texto.

c) Diferenças em relação à bibliografia.

Há, também, diferenças em relação à apresentação da bibliografia. Lá o nome vem primeiro e o prenome depois. Aqui é ao contrário. Lá há regras de pontuação que aqui não se cumprem. Na bibliografia, o nome entra necessariamente em maiúsculas. No rodapé, fica a critério do estudante.

Compare-se por outro exemplo.

---

17. Ver a respeito o subitem 6.3.4.8 *supra*.
18. Se a obra citada indiretamente constar da bibliografia, o estudante errou, pois deveria usar o texto original da obra, e não fazer a citação indireta.

- Notas de rodapé:

16. André Franco Montoro, **Estudos de filosofia do direito**, p. 8.
17. Miguel Reale, **Filosofia do direito**, p. 285.

- Bibliografia:

MONTORO, André Franco. **Estudos de filosofia do direito**. 2ª ed., São Paulo: Saraiva, 1995.

REALE, Miguel. **Filosofia do direito**. 12ª ed., São Paulo: Saraiva, 1987.

É bom consignar que a NBR 10.520 diz que a referência deve ser feita como na bibliografia, que pensamos ser equivocado, pois é muito comum na área jurídica citar-se o nome do autor – completo ou não – no próprio texto e, logicamente, como se trata de uma exposição, a apresentação deve ser feita numa ordem natural. Fala-se: "como disse Franco Montoro...". Soaria muito estranho dizer: "como disse Montoro, Franco...".

Por isso que, na referência colocada no rodapé, do mesmo modo, o nome tem de entrar de forma direta. Até porque não existe qualquer fundamento plausível para ser diferente. Na bibliografia, a organização é feita por nome e depois prenome, porque é assim que se faz a busca do autor. No rodapé não há o que buscar. Fica apenas estranho. Mas, já que consta da Norma, quem quiser pode utilizar.

d) Citações repetidas: o uso das expressões idem, ibidem, op. cit., ob. cit.

Quando se tratar de citação do mesmo autor, mas de obra diversa, deve-se usar o termo "idem" seguido do nome da obra e da página.

Exemplo:

18. Tercio Sampaio Ferraz Jr., **Direito, retórica e comunicação**, p. 3.
19. Idem, **Teoria da norma jurídica**, p. 1.

Quando se tratar de notas de rodapé que digam respeito à mesma obra do mesmo autor, deve-se usar a expressão "Ibidem" (podendo-se abreviar, querendo, para "Ibid."), fazendo variar a página. Se a referência for à mesma obra e mesma página escreve-se "Ibid., mesma página".

Exemplo:

22. Nelson Nery Junior, **Atualidades sobre o processo civil**, p. 65.
23. Ibid., p. 68.
24. Ibid., mesma página.

É usual, também, a utilização do termo "op. cit." colocado após o nome do autor, para indicar que se trata da mesma obra já referida.

22. Nelson Nery Junior, **Atualidades sobre o processo civil**, p. 65.
23. Nelson Nery Junior, op. cit., p. 68.

É importante atentar para o fato de que as notas bibliográficas de rodapé têm de ser claras. O leitor não deve ter de enfrentar dificuldade para descobrir qual é a obra que está sendo citada.

Por isso, não é boa a técnica de se fazer referência a obras utilizadas muitas páginas antes. O mais adequado é repetir a citação primária (nome do autor e título da obra, além da página) toda vez que a última citação estiver referida a partir da segunda página para trás.

e) Citação com nome do autor e/ou título da obra no corpo do trabalho.

Quando o nome do autor já estiver citado no corpo do trabalho, então ele não aparecerá na nota de rodapé.

Exemplo:

> Nelson Nery Junior afirma que mesmo antes da nova redação dada ao art. 621 do Código de Processo Civil já era possível fixar por título executivo extrajudicial a entrega da coisa incerta[27].
>
> 27. **Atualidades sobre o processo civil**, p. 201.

É possível, também, citar no texto principal tanto o nome do autor quanto o título da obra utilizada. Neste caso a nota de rodapé fará referência apenas à página.

Exemplo:

> Na obra *Atualidades sobre o processo civil*, Nelson Nery Junior afirma que, mesmo antes da nova redação dada ao art. 621 do Código de Processo Civil, já era possível fixar por título executivo extrajudicial a entrega da coisa incerta[27].
>
> 27. P. 201.

f) Indicações de textos: de artigos em revistas, de diversos autores, de capítulos de livros etc.

Quanto às outras várias possibilidades de indicação das obras utilizadas, você deve consultar o item 6.6 *infra*, que vai tratar especificamente das citações bibliográficas. Lá você encontrará todas as normas técnicas a serem seguidas para fazer as indicações de modo adequado.

Contudo, como se trata, neste caso, da nota de rodapé, adote sempre o mesmo princípio básico: apresente apenas as informações necessárias (letra "a" *retro*), com as exceções possíveis (letra "b" *supra*), juntamente com as demais características (letras "c", "d", "e" anteriores) adaptadas às especificidades dos vários tipos de textos, obras e edições, conforme detalhado no item 6.6 *infra*. E repita-se: os dados completos irão na bibliografia.

6.3.6.3 O tamanho das notas de rodapé

Deve-se perguntar pelo tamanho das notas de rodapé, especialmente porque não é incomum encontrar-se notas muito extensas que ultrapassam em muito o rodapé da página, tomando, às vezes, quase a página inteira, e, em outras, terminando na página (e mesmo páginas) seguinte.

Em realidade, temos de dizer que não é boa técnica lançar mão de notas de rodapé muito extensas.

Não se pode esquecer da função principal da nota de rodapé, à qual estão ligadas todas as outras (conforme descrito *supra*, no subitem 6.3.6.1), qual seja, a de tirar do corpo principal do trabalho aquelas informações que são secundárias, deixando o texto mais limpo e fácil de ser lido.

Notas muito longas não cumprem essa finalidade, uma vez que o leitor é obrigado a abandonar o texto principal para ler com atenção (especialmente porque as letras são de tipo menor) a redação das notas, o que prejudica a comunicação.

Pode-se objetar que o estudante não tem saída: precisa escrever tudo aquilo. Porém, se ele descobrir que precisa escrever muito, então, das duas uma: ou o assunto não é secundário e deve ir para o corpo principal do trabalho, ou é e, em virtude da extensão, deve estar no anexo ou apêndice (consultar sobre o anexo ou apêndice o subitem 6.5 *infra*).

É possível, também, levantar a questão da completa informação bibliográfica das diversas publicações que tratam do assunto e que o estudante quer dar na nota de rodapé. A solução nesse caso é simples: o estudante deve indicar as duas ou três obras mais importantes e acrescentar "sobre as demais obras que tratam desse tema consultar a bibliografia", inserindo as indicações das obras na bibliografia.

Evidentemente, será possível que o trabalho acabe apresentando uma ou outra e até mesmo algumas notas de rodapé mais extensas. Não haverá problema se forem poucas e justificáveis, tendo em vista, conforme já se disse, a extensão do corpo principal do trabalho, bem como a necessidade inexorável de tais notas.

6.3.6.4 A quantidade de notas

Aqui mais uma vez temos de lançar mão da ideia de equilíbrio já colocada quando se tratou da quantidade de citações (subitem 6.3.4.12 *retro*) para tratar do assunto da quantidade de notas de rodapé.

Tem-se de relembrar as funções das notas e todas as demais observações relativas a sua extensão. Se houver necessidade de notas em número excessivo, é melhor buscar uma alternativa para reduzi-las. As notas devem ser utilizadas com parcimônia.

É verdade que existem obras, não só na área jurídica, que apresentam centenas de notas, mas basta uma leitura desses textos para perceber que o excesso de notas atrapalha a leitura. O corpo principal perde sua função primeira, a clareza, atrapalhado pelo constante truncamento e paradas longas para leitura e entendimento das notas.

A quantidade naturalmente será definida pelo tipo de trabalho e pesquisa realizados, mas o estudante deve usar de bom senso na criação das notas.

Claro que não se está aqui tratando daqueles textos da área jurídica que são montados basicamente em cima das notas de rodapé. As obras do tipo "legislação comentada e/ou anotada", cujo conteúdo está exatamente nas notas, jamais poderiam sofrer qualquer avaliação crítica nesse ponto. De qualquer maneira, elas também não são monografias, são obras profissionais, criadas para servirem de instrumento de trabalho aos operadores do direito.

Finalizando este subitem, é preciso dizer que não se deve de maneira alguma "inventar" notas como se elas fossem coadjuvantes do tema principal, uma espécie de "notas-enfeite". É necessário ficar patente que nenhum trabalho será de melhor ou pior qualidade só porque tem uma grande quantidade de notas de rodapé. Ao contrário, inseri-las de maneira artificial prejudica a monografia. Se as notas não forem feitas para cumprir algumas das funções descritas acima (subitem 6.3.6.1), então elas não devem ser criadas.

6.3.6.5 Notas relativas à jurisprudência

O critério para a inserção de notas de rodapé com relação a decisões judiciais deve ser o mesmo adotado para a nota de bibliografia. O que se poderá fazer de diferente é indicar na nota todos os dados bibliográficos necessários, na medida em que, via de regra, não se exige a colocação de revistas de jurisprudência na bibliografia.

Contudo, se o trabalho se fundar em larga pesquisa jurisprudencial e esta for o elemento principal do trabalho, nada impede que as revistas de jurisprudência sejam inseridas na bibliografia. Neste caso, far-se-á, no rodapé, apenas a indicação dos dados essenciais, deixando os demais para a consulta na bibliografia.

Em caso de revistas, ainda, na área jurídica, costuma-se fazer apenas a indicação da sigla através da qual ela é conhecida, seguida de seu número de publicação e do número da página na qual a decisão citada inicia. Neste caso é importante inserir uma página no apêndice com uma lista de abreviaturas.

Exemplo:

> O Tribunal de Justiça de São Paulo decidiu que pode haver intervenção judicial para corrigirem-se cláusulas de contrato de adesão que sejam excessivamente onerosas para a parte aderente[18].
>
> 18. 11ª Câm. Civ., AC 197.165-2/3-SP, Rel. Des. Pinheiro Franco, j. 22-10-1992, m.v. In: AASP, 1771:462.

Na lista de abreviaturas apareceria a definição da sigla AASP: Boletim da Associação dos Advogados de São Paulo.

No final deste livro você encontrará uma relação com o nome das principais revistas de jurisprudência[19] e as respectivas abreviaturas utilizadas, bem como o nome dos tribunais superiores com suas abreviaturas[20].

Quanto às várias abreviaturas normalmente utilizadas nas ementas e decisões judiciais, bem como em obras doutrinárias, também ao final do livro você terá uma lista das mais utilizadas[21].

6.3.6.6 Notas relativas às normas jurídicas

Conforme já foi dito (subitem 6.3.4.5 *retro*), no que respeita às normas jurídicas, basta a indicação no próprio corpo principal do trabalho do seu número e da data de sua promulgação e, neste caso, estará dispensada a nota. Se esta se fizer necessária, então somente tais dados devem ser indicados.

19. Apêndice n. 5.
20. Apêndice n. 3.
21. Apêndice n. 3.

Como também já consignado, as normas jurídicas amplamente conhecidas não precisam ser indicadas por seu número ou data de promulgação. Basta o título através do qual elas são conhecidas: Código Civil ou Código Civil brasileiro, Código de Processo Civil, Código Penal etc.

É possível indicar essas normas através das abreviaturas pelas quais elas são conhecidas[22], mas somente quando há necessidade de repetição contínua. Numa única citação ou em citações esporádicas não se deve usar a forma abreviada.

A indicação da data da publicação oficial da norma jurídica poderá ser feita se se quiser enfatizar exatamente a data, lembrar quando ela entrou em vigor ou quando houver necessidade, em função da argumentação desenvolvida no corpo do trabalho.

Exemplos:

> a) A Constituição Federal atual, em vigor desde 1988, ainda não teve implementada uma série de dispositivos importantes.
>
> b) Há leis que somente entram em vigor após um certo período de tempo, por elas mesmas designado. Esse período existente entre a data da publicação oficial da lei e sua entrada em vigor é denominado *vacatio legis*. O Código Civil brasileiro teve uma *vacatio legis* de um ano[12], o Código de Defesa do Consumidor, de seis meses[13]...
>
> 12. A Lei n. 3.071, de 1º-1-1916, que instituiu o Código Civil, somente entrou em vigor em 1º-1-1917.
>
> 13. A Lei que instituiu o Código de Defesa do Consumidor, n. 8.078, foi publicada em 12-9-1990 e somente entrou em vigor em 11-3-1991.

22. Ver lista de abreviaturas no final deste livro.

6.3.6.7 Como numerar as notas

As notas podem ser numeradas a partir da primeira (a de número 1) sequencialmente por todo o texto até a última[23].

Nada impede, contudo, que a cada início de um novo capítulo se comece uma nova numeração (a partir do número 1), terminando na última nota do capítulo.

Aliás, este último sistema, antes dos programas automáticos de microcomputador, era o mais recomendável, pois facilitava a inserção de novas notas ou a supressão de outras, uma vez que nesses casos é necessário alterar a numeração das notas posteriores à supressão ou ao acréscimo. Utilizando-se da numeração por capítulos, o trabalho de alteração se encerrava ao final do capítulo. Se se tivesse de alterar as notas do livro todo, o problema seria muito maior.

Naquele sistema, quando, após a redação final, no momento da revisão, o estudante decidia incluir nota, ele só tinha uma alternativa: colocava nova nota com letra ao lado (por exemplo, 22-A) no caso da inclusão. Se quisesse suprimir, simplesmente fazia a nota desaparecer e a numeração pulava (por exemplo, de 25 para 27), ou então o estudante criava nota artificial no lugar da suprimida (por exemplo, inventava uma nota qualquer para a 26)[24].

Era comum (e ainda se vê isso nos livros antigos) encontrar obras editadas com notas de rodapé de números, letras ou asteriscos, o que demonstrava o problema que as próprias editoras tinham.

Hoje não há mais esse problema. Os editores de texto dos microcomputadores fazem a numeração das notas de forma "automática", sendo que a inclusão ou supressão de alguma nota não atrapalha as

23. Quanto ao aspecto gráfico de numeração e chamada (corpo, entrada etc.), ver Capítulo 7.
24. Quando o texto era datilografado, o drama existia já na numeração das próprias páginas (ver a respeito o Capítulo 7).

demais, pois o editor as renumera automaticamente. Claro que para beneficiar-se desse artifício moderno é preciso ter o equipamento e usá-lo de maneira adequada.

Com esse sistema automatizado não há problema algum em numerar as notas de rodapé do início ao fim da monografia, usando-se o método de numeração automática que o programa proporciona. Contudo, mesmo com essa alternativa, nada impede que se continue numerando as notas por capítulos, também se utilizando do mesmo método automático de numeração, e cada capítulo terá sua nota começando do número 1. Aliás, a NBR 10.520 indica que a numeração deve ser feita por capítulo ou parte. Esse modo atrapalha a referência e busca, pois se o autor indicar a nota tem também de apontar o capítulo.

De todo modo, adotado esse modelo, atente para o seguinte: será preciso abrir um arquivo para cada capítulo e mantê-los separados mesmo quando da impressão do trabalho como um todo, ou seja, os capítulos não devem ser "mesclados". Deve-se ter atenção – ao imprimir os capítulos separadamente – com a numeração das páginas. Estas devem seguir a sequência numérica até o final, sendo que as páginas de cada capítulo devem começar com sua numeração devida. Por exemplo, o Capítulo 2 vai da p. 41 até a p. 97, o Capítulo 3 (que está em outro arquivo) deverá iniciar na p. 98 e assim por diante[25].

6.3.6.8 As notas devem estar no rodapé

Conforme tivemos oportunidade de dizer no início deste subitem 6.3.6, a observação que agora se faz deveria ser desnecessária. Contudo, como nem sempre ela é seguida, torna-se importante

25. Apesar de tudo o que se disse, anote-se que não há qualquer problema na inserção parcimoniosa de notas de rodapé identificadas com letras. É que, às vezes, o autor ou mesmo a Editora não tem outra alternativa.

trazê-la. Apesar da obviedade, as notas de rodapé, como o próprio nome diz, devem estar no pé da página.

Tendo em vista as funções dessas notas, conforme se viu, não tem sentido colocá-las em lugar diverso do rodapé, como, por exemplo, o fazem algumas editoras, que as colocam ao final do livro ou, o que é pior ainda, ao final de cada capítulo.

É no rodapé que elas devem estar para evitar ao máximo o truncamento da leitura do texto do corpo principal. Obrigar o leitor a todo instante a procurar a nota páginas à frente atrapalha a compreensão do texto, traz desestímulo à leitura e inviabiliza exatamente as funções das notas.

6.3.7 A técnica de notas autor-data

Há uma outra maneira de se fazer notas, que é menos usada. É a do modelo autor-data.

É um meio que pode ser útil para deixar o texto limpo, já que a referência não vai ao rodapé, como se verá. Porém, não serve para as outras funções diversas da indicação bibliográfica (especificadas nas letras "f", "g", "h", "i", "j" do subitem 6.3.6.1). Quem usa esse método acaba, de um jeito ou de outro, introduzindo notas de rodapé, para cumprir as outras funções.

De qualquer maneira é uma técnica adotada. Não há problema em utilizá-la.

Nesse método o estudante coloca logo após o trecho da citação, entre parênteses: o nome do autor em letras maiúsculas[26] e, após vírgula, a data da edição original; depois, dois pontos e a página ou

26. Via de regra indica-se só o nome. Coloca-se o prenome após vírgula apenas se surgir problema de homonímia e eventual confusão na indicação de autores diversos com nomes idênticos.

páginas da obra citada. Aqui surge outro problema: nem sempre é fácil identificar a data da publicação original, pois as editoras costumam indicar apenas o número da edição corrente (algumas nem isso), isto é, aquela que está no mercado. Ou, também, quando encontrada uma 3ª ou 4ª edição na biblioteca, nem sempre se consegue descobrir a data da primeira.

Veja um exemplo de citação nesse método:

> O progresso está afeto às coisas materiais da vida: ao conforto, ao bem-estar físico, às comodidades, ao luxo, às facilidades. Sua dinâmica se realiza independentemente do homem-indivíduo, mas vinculada ao homem-social. Nada tem que ver com os movimentos interiores da alma, com as leis silenciosas da evolução espiritual, e sim com os grandes movimentos sociais que alteram civilizações (CHALITA, 1996:43).

Tal método vai obrigar, então, que o leitor vá à bibliografia para, consultando o nome do autor pela data da edição, descobrir qual é a obra. Dessa maneira a bibliografia será formatada diferentemente do outro tipo exemplificado acima (subitem 6.3.6.2, letra "b")[27].

Exemplo:

> COSTA, Tailson Pires. **Penas alternativas – reeducação adequada ou estímulo à impunidade?** 3. ed. São Paulo: Max Limonad, 2003.

Logo, se a citação mantém o nome do autor e altera a data, é de outro livro que o estudante está tratando. Nesse caso, a citação significará que o mesmo autor publicou outra obra em outro ano.

27. Veja, também, os dois modelos no subitem 6.6.

Exemplo:

> Os autores se preocupam em explicar o conceito de Filosofia do Direito. Assim MONTORO (1981:33-68) e REALE (1973:13-16). Falam, também, de seu papel na relação com a Ciência do Direito (REALE, 1968:75 ss.).

Pode acontecer, contudo, de o mesmo autor ter publicado mais de uma obra no mesmo ano. Nesse caso, as obras devem ser indicadas pelo ano acrescido de letras.

Exemplo:

> Tercio Sampaio Ferraz Jr. fala da questão do Poder no âmbito da comunicação (1985a) e também da questão do poder no processo constituinte (1985b).

É claro que o nome do autor será suprimido de dentro dos parênteses se ele estiver citado no corpo do texto, conforme já demonstrado nos exemplos anteriores.

Apesar do uso possível e da maneira apresentada, é importante lembrar que essa técnica não funciona para citação de autores clássicos. Se, num texto sobre a Justiça, o estudante for citar *Ética à Nicômaco*, de Aristóteles, não poderá usar a indicação deste método, pois não se fala nesses casos em ano da edição. Terá de usar outro método (p. ex., fazendo nota de rodapé) ou escreverá no texto o nome do autor e do título da obra. Deixará para os parênteses a citação apenas do capítulo referenciado.

6.3.8 A técnica da citação com numeração da bibliografia

Fala-se, também, de uma técnica de citação bibliográfica que pressupõe que a bibliografia final esteja numerada sequencialmente. De maneira que o estudante, ao fazer a citação, colocaria entre parênteses o número da posição na bibliografia e a seguir a página (p. ex.: 46:32).

No entanto, essa técnica não deve ser adotada, pelo simples fato de que pressupõe que a bibliografia final completa esteja pronta e organizada antes da redação do corpo do trabalho. Sabe-se que até o final da redação algumas obras serão abandonadas e outras novas surgirão, o que mudaria a numeração e, pior, obrigaria a uma procura e busca nas notas já feitas para adaptá-las às modificações[28].

6.3.9 Citações relativas a simpósios, palestras, congressos etc.

Eu recebi perguntas de estudantes querendo saber como fazer a indicação de material colhido numa palestra feita por algum expositor ou num simpósio, num congresso etc. A questão posta diz respeito a como indicar o conteúdo que não foi publicado em nenhum suporte físico ou virtual.

Esse tipo de citação não é usual, mas pode ser utilizado desde que, no contexto do trabalho, seja apenas um dos elementos da investigação e jamais tenha "peso" no corpo do trabalho em comparação com os demais componentes da pesquisa apresentada. Nesse caso, então, deve ser feita a indicação de dados completos: o nome do expositor, o tema de sua exposição, assim como o título do simpósio, da palestra, do congresso etc., o local do evento (endereço,

28. Conf. Antonio Joaquim Severino, **Metodologia do trabalho científico**, p. 93.

cidade, Estado, país e outros dados de identificação), a data e o horário, o nome dos promotores do evento, enfim, todo e qualquer dado que identifique o momento e o local da coleta, e o autor da fala/exposição.

Naturalmente, esse tipo de coleta de informação não entra nas Referências bibliográficas. Logo, os dados completos devem ser colocados no rodapé.

6.4 A CONCLUSÃO

Redigido o desenvolvimento, chega-se ao ponto final (quanto ao conteúdo): a conclusão. Ela é a penúltima parte a ser escrita (a última é a introdução, conforme o demonstramos no item 6.2 *retro*).

Primeiramente, diga-se que a conclusão, da mesma forma que a introdução, não é capítulo. Ela entra logo após o último capítulo do trabalho.

Na conclusão, o estudante fará uma síntese muito apertada do trabalho. Buscará apontar os principais pontos obtidos no resultado das várias metas almejadas e alcançadas (ou não).

Quando o texto comportar uma série de conclusões, às quais o estudante chegou nas várias etapas de desenvolvimento do trabalho, essas conclusões parciais e específicas aparecerão na conclusão final.

Lá estará, também, a opinião pessoal do estudante, sua tomada de posição diante dos problemas apresentados e soluções encontradas (ou não). Da mesma maneira, como nas conclusões parciais, a tomada de posição pessoal do estudante, apresentada no desenvolvimento do texto, deverá aparecer resumida na conclusão.

O estudante fará também, na conclusão, uma avaliação dos caminhos que foram perseguidos no trabalho e a constatação do atingimento (ou não) dos objetivos a que se tinha proposto.

Na conclusão, assim como na introdução (ver item 6.2 *supra*), não pode haver nenhum tipo de desenvolvimento de qualquer tema. É erro grave desenvolver temas na conclusão, pois ela não faz parte propriamente dita do trabalho desenvolvido. Lendo a conclusão, deve-se poder compreender sinteticamente os principais pontos estudados, aquilo que foi pesquisado e produzido, além dos objetivos alcançados.

O trabalho deve apresentar provas da pesquisa e do pensamento desenvolvido. Por isso, em parte se sustenta nas citações das obras de terceiros. Ora, a conclusão nada prova: apenas diz resumidamente o que foi descoberto.

Disso decorre, também, que não se devem fazer citações ou notas de rodapé na conclusão. Se nela aparecerem citações, é porque o trabalho carece de fundamentação e está continuando. A exposição ainda prossegue. Logo, não se trata ainda de conclusão, mas de reforço da pesquisa até ali apresentada.

Em termos de quantidade, a conclusão deverá ter no máximo seis páginas. É claro que, da mesma forma que na introdução, admite-se texto um pouco maior se o corpo principal do trabalho for muito extenso. Mas, ainda assim, deve-se buscar a concisão o máximo possível.

É admitido, caso assim se queira, numerar os tópicos específicos da conclusão. Mas essa técnica não é obrigatória.

6.5 O APÊNDICE OU ANEXO

6.5.1 Apêndice ou anexo

Conforme já se verificou no transcorrer deste texto, certas informações e dados devem ser remetidos ao apêndice. Este é o capítulo que entra depois das referências. Mas destas deverão constar eventuais obras que apareçam apenas no apêndice ou anexo.

Como o próprio nome indica, o apêndice funciona tal qual um anexo – aquilo que não faz parte do corpo principal, mas que deve ser considerado. Aliás, é por isso que os autores acabam usando dois termos para esta parte do trabalho: apêndice e anexo. As monografias dividem-se, também, nessas duas expressões. Será indiferente, pois, que o estudante se utilize de um ou de outro termo.

6.5.2 O que deve ser colocado no apêndice

O apêndice deve conter tudo aquilo que se estivesse inserido no texto principal atrapalharia a leitura e se fosse posto em rodapé seria inadequado, em função de sua extensão.

Assim, podem-se colocar no apêndice os questionários de uma pesquisa da qual se usaram, no corpo do trabalho, apenas os dados compilados. Pode-se, também, inserir o desenvolvimento teórico produzido pelo próprio aluno e que, apesar de importante e devendo ser levado em conta, não pode ser colocado no texto principal, sob pena de truncar a natural construção dos argumentos.

Colocam-se, ainda, no apêndice os índices, tabelas, gráficos, mapas, desenhos, fotos etc., que fundamentem, ilustrem ou exemplifiquem o conteúdo da monografia, mas que devido a sua extensão não caberiam no próprio corpo do trabalho. É claro que gráficos, índices, tabelas etc. podem ser inseridos no corpo do trabalho, especialmente quando estão de acordo com sua natureza ou quando forem poucos e curtos. Nessas hipóteses não haverá problema em apresentá-los no desenvolvimento do texto principal.

O que define a inserção no próprio texto ou no apêndice é a extensão, o impedimento à clareza da exposição e o tipo de monografia. Em trabalhos de matemática ou finanças, o uso de tabelas, gráficos e índices no próprio corpo é não só natural mas também necessário.

Na área jurídica utiliza-se o apêndice para colocar o texto completo ou parcial (capítulos, por exemplo) das normas jurídicas abordadas e que o estudante entende necessário que o leitor consulte, mas que não cabe no corpo do trabalho.

No caso de monografias que tratam de item de normas jurídicas muito recentes, a inserção de seu texto no apêndice é praticamente obrigatória, uma vez que, supõe-se, isso facilitará a leitura.

No que toca à jurisprudência pesquisada e que não se pode citar no corpo, ela deve, também, ser inserida no apêndice. Em longas pesquisas, as decisões devem ser transcritas no apêndice. Elas aparecerão completas ou só por ementas. Nada impede, contudo, que o estudante faça referência às decisões judiciais no corpo do trabalho indicando apenas as revistas nas quais elas foram publicadas (conf. o item 6.3.6.5 *retro*).

Veja-se, como exemplo, que o presente trabalho tem um apêndice contendo o texto das duas portarias do MEC examinadas, bem como a relação das principais revistas de jurisprudência e das abreviaturas utilizadas e utilizáveis em monografias e na área jurídica em geral.

6.6 AS REFERÊNCIAS E A TÉCNICA DE INDICAÇÃO BIBLIOGRÁFICA

Após a conclusão da obra vêm as referências. Existem regras específicas para se fazer as referências bibliográficas, conforme se verá nos próximos itens.

Veja-se preliminarmente as diferenças básicas das bibliografias referentes aos dois sistemas aceitos de citações bibliográficas e notas (conforme subitens 6.3.6 e 6.3.7 *retro*).

Fiquemos com um exemplo de cada. Os detalhes serão explicados no próximo item.

Exemplo de bibliografia-padrão do modelo de nota de rodapé (subitem 6.3.6 *supra*):

ARAUJO, Luiz Alberto David. **A proteção constitucional da própria imagem: pessoa física, pessoa jurídica e produto**. Belo Horizonte: Del Rey, 1996.

BITTAR, Carlos Alberto. **O direito de autor nos meios modernos de comunicação**. São Paulo: Revista dos Tribunais, 1989.

COSTA, Tailson Pires. **A dignidade da pessoa humana diante da sanção penal**. São Paulo: Fiuza Editores, 2004.

COSTELLA, Antonio. **Direito da comunicação**. São Paulo: Revista dos Tribunais, 1976.

DE CUPIS, Adriano. **Os direitos da personalidade**. Lisboa: Livraria Moraes, 1961.

DINIZ, Maria Helena. **Conflito de normas**. São Paulo: Saraiva, 1987.

______. **Lei de Introdução ao Código Civil brasileiro interpretada**. São Paulo: Saraiva, 1994.

FERNANDES, Milton. **Proteção civil da intimidade**. São Paulo: Saraiva, 1977.

Exemplo de bibliografia do modelo autor-data (subitem 6.3.7 *retro*):

BORGES, João Eunápio – **Curso de direito comercial terrestre**. 5ª ed., Rio de Janeiro: Forense, 1971.

CARVALHOSA, Modesto. **Comentários à Lei das Sociedades Anônimas**. São Paulo: Saraiva, 1978, v. 2.

FERREIRA, Waldemar. **Tratado de direito comercial**. São Paulo: Saraiva, 1961, v. 4.

FRAN MARTINS. **Comentários à Lei das Sociedades Anônimas**. Rio de Janeiro: Forense, 1977, v. 2.

______. **Novos estudos de direito societário**. São Paulo: Saraiva, 1988.

Existem várias sugestões para se fazer a indicação dos dados bibliográficos. Entre os autores que tratam do assunto, não há uniformidade. O importante, de qualquer maneira, é saber que a função da referência bibliográfica é permitir a identificação, da maneira mais simples e direta possível, das diversas publicações e documentos (e, de preferência, seguindo certo padrão).

No nosso caso, vamos partir das regras técnicas estabelecidas pela Associação Brasileira de Normas Técnicas – ABNT, mais especificamente as normas NBR 6.023 e 10.520.

Tais normas têm a vantagem de ser a mais generalizada possível, podendo ser aceita por todos os que precisem fazer uma bibliografia, o que cumpre pelo menos uma função, que é a de padronizar informações.

Contudo, em um ou outro caso, iremos delas divergir, e especialmente no tocante à praxe da área jurídica para referências de dados de normas jurídicas e decisões judiciais. Iremos, também, alterar ligeiramente algumas indicações, visando deixá-las mais consistentes. Assim, por exemplo, a norma fala que obra anônima entra pelo título (subitem 8.1.3), mas se não constar "anônimo" na bibliografia, vai parecer erro do aluno.

Aponte-se aqui, preliminarmente, uma questão que tem surgido com frequência. Tem sido perguntado se deve constar da bibliografia as próprias obras que ensinam como fazer uma monografia, redigir o texto, elaborar a bibliografia etc., como, por exemplo, esta que você está lendo.

A resposta é sim: tanto este livro como os demais consultados que tratam do mesmo assunto podem aparecer na bibliografia.

6.6.1 Dados essenciais e complementares

Os dados essenciais são aqueles mínimos que devem sempre ser informados. Os complementares ficam a critério do estudante. O que se aconselha é que se faça uma escolha uniforme: ou todas as referências têm dados complementares ou nenhuma.

Veja ao final deste item (subitem 6.6.16) quais são os dados essenciais e complementares por tipo de publicação.

A seguir, você terá uma série de orientações, incluindo aspectos gráficos, certas peculiaridades por tipo de publicação, a indicação dos nomes dos autores, dos títulos das obras etc.

Seguiremos, como se disse, o padrão proposto pela NBR 6.023 da ABNT, adaptando os exemplos para a área jurídica, assim como alterando e suprimindo certas indicações consideradas desnecessárias.

6.6.2 Fonte das informações

Os elementos de referência devem ser retirados da folha de rosto da obra ou da ficha catalográfica, ou, ainda, de qualquer outra fonte equivalente.

Quando faltar um elemento a ser citado, mas se tiver certeza de sua origem, ele aparecerá dentro de colchetes: [ ].

6.6.3 Aspectos gráficos

6.6.3.1 Margem

Todas as palavras são alinhadas do lado esquerdo, sem entrada.

Exemplo[29]:

29. Nos exemplos deste item estaremos usando o modelo-padrão de citação bibliográfica, que pressupõe notas de rodapé (conforme subitem 6.3.6 *retro*).

FIORILLO, Celso Antonio Pacheco. **O direito de antena em face do direito ambiental no Brasil**. São Paulo: Saraiva, 2000.

GUERRA FILHO, Willis Santiago. **Processo constitucional e direitos fundamentais**. São Paulo: Celso Bastos, 1999.

SILVA, Marques da. **A vinculação do juiz no processo penal**. São Paulo: Saraiva, 1993.

6.6.3.2 Pontuação

O ponto é utilizado após o nome completo do autor, depois do título da obra e após o ano ou último item bibliográfico.

Os dois-pontos são colocados antes da editora, antes do subtítulo e depois de "In"[30].

A vírgula é colocada entre os subelementos: antes do prenome; depois da editora; após a edição; entre o volume, número (de revista, por exemplo) e páginas; e nas referências de revistas e jornais, após o seu título.

O ponto e vírgula é colocado entre os nomes dos autores e das obras coletivas.

Exemplos:

FERRAZ JR., Tercio Sampaio. Antinomia. In: **Enciclopédia Saraiva do Direito**. São Paulo: Saraiva, 1978.

NERY JUNIOR, Nelson. **Atualidades sobre o processo civil: a reforma do Código de Processo Civil de 1994 e de 1995**. 2ª ed., São Paulo: Revista dos Tribunais, 1996.

POMPEU, Renato. A invenção da história e da democracia. **Jornal da Tarde**. São Paulo, 22-3-1997, Caderno de sábado, p. 3.

30. Notar que a primeira letra do "In" é maiúscula, uma vez que sempre entra após um ponto.

O hífen é utilizado entre as páginas citadas (ex.: p. 20-28) e entre as datas de início e fim da publicação (ex.: 1950-1972).

A barra transversal é usada entre os elementos do período coberto pelo fascículo referenciado (ex.: v. 9/11, nº 1/4, jan./dez., 1976/1978).

O colchete é utilizado para indicar os elementos que não figuram na obra referenciada, mas de cuja origem se tem certeza (ex.: **Revista Trimestral de Jurisprudência**. [Brasília], v. 109, p. 870-879, set., 1984), ou em outros casos especiais, como o de ausência do elemento ou quando não se tem certeza deste (ver casos e exemplos nos subitens 6.6.4.6, 6.6.5.3, 6.6.6.3 e 6.6.10 *infra*).

6.6.3.3 Tipos e corpos

É importante que a utilização dos caracteres tipográficos (maiúsculas, minúsculas, redondo, itálico etc.) seja consistente. As diferenças devem ser entendidas pelo leitor. Daí a necessidade de uniformidade. É necessário atenção especial a esse aspecto nos dias atuais, uma vez que os editores de textos colocam à disposição do estudante alternativas as mais variadas possíveis. Vejamos as usualmente adotadas.

Maiúscula: no nome do autor.

Negrito: no título da obra. Quando se trata de texto inserido em obra maior ou em periódico, revista, jornal etc., o negrito é usado para designar a obra maior, periódico, revista ou jornal.

Ver exemplos nos subitens anteriores.

6.6.3.4 *Abreviaturas*

São as seguintes as abreviaturas normalmente utilizadas:

amp.	=	ampliada
atual.	=	atualizada
aum.	=	aumentada
coord.	=	coordenador
ed.	=	edição
org.	=	organizador
p.	=	página ou páginas
resp.	=	responsável
rev.	=	revista
s.d.	=	sem data
s.e.	=	sem editor
s.l.	=	sem local (*sine loco*)
s.n.	=	sem nome (do editor)
ss.	=	seguintes
trad.	=	tradução
v.	=	volume

Quanto às abreviaturas dos meses e períodos de meses, ver subitem 6.6.10.3, letra "d".

6.6.4 Indicação do autor-pessoa física

6.6.4.1 *Nome e prenome*

Inicia-se a indicação pelo nome em maiúsculas, seguido, após a vírgula, do prenome. Exemplo:

> NERY JUNIOR, Nelson.

Quando se tratar de nome composto, deve-se utilizar o nome através do qual o autor é conhecido. Em caso de dúvida, deve-se pesquisar em outras bibliografias como a citação foi feita ou como o próprio autor se apresenta. Exemplos:

ANDRADE NERY, Rosa Maria.
ABELHA RODRIGUES, Marcelo.
BENJAMIN, Antonio Herman de Vasconcellos e.

Os nomes devem ser transcritos tal como estão na obra. Ainda que se conheça o nome completo do autor, deve-se citá-lo como ele é conhecido e/ou se apresenta. Exemplos:

TEMER, Michel e não TEMER LULIA, Michel Miguel Elias.
ATALIBA, Geraldo e não ATALIBA NOGUEIRA, José Geraldo de.

Quanto aos nomes de autores estrangeiros, devem ser indicados na grafia da língua de origem. Contudo, citam-se na grafia aportuguesada os autores clássicos ou que o uso transformou.

Usa-se, por exemplo:

CAMUS, Albert e não CAMUS, Alberto;
SANTO AGOSTINHO e não Aurelius Augustinus.

Não há muito o que temer aqui, uma vez que, normalmente, os textos editados respeitam essa regra. Você deve preocupar-se se o texto for estrangeiro e a grafia for diferente da nacional. Nesse caso, coloque na bibliografia a grafia utilizada no Brasil.

6.6.4.2 *Até três autores*

Quando a obra tem até três autores, citam-se todos na entrada, na ordem em que aparecem na publicação[31].

Exemplos:

TEMER, Michel. **Elementos de direito constitucional**. 4ª ed., São Paulo: Revista dos Tribunais, 1988.

FIORILLO, Celso Antonio; ABELHA RODRIGUES, Marcelo. **Patrimônio genético e direito ambiental**. Belo Horizonte: Del Rey, 1996.

FERRAZ JR., Tercio Sampaio; DINIZ, Maria Helena; GEORGAKILAS, Ritinha A. Stevenson. **Constituição de 1988: legitimidade, vigência e eficácia, supremacia**. São Paulo: Atlas, 1989.

6.6.4.3 *Mais de três autores*

Quando há mais de três autores, indicam-se até os três primeiros seguidos da expressão "et al." ou "et alii"[32].

Exemplo:

GRINOVER, Ada Pellegrini et al. **Código brasileiro de defesa**...

ou

GRINOVER, Ada Pellegrini; BENJAMIN, Antonio Herman de Vasconcellos et al. ...

ou então

GRINOVER, Ada Pellegrini; BENJAMIN, Antonio Herman de Vasconcellos; e FINK, Daniel Roberto et al. **Código brasileiro de defesa do consumidor**. Rio de Janeiro: Forense Universitária, 1991.

---

31. Nossa orientação está de acordo com a NBR 6.023. Diferentemente, ver Antonio Joaquim Severino, **Metodologia do trabalho científico**, p. 97.

32. Do latim: "e outros".

6.6.4.4 Obra composta de diversos trabalhos e diferentes autores, mas com um (ou mais) responsável pela coordenação ou organização

Nesse caso, coloca-se o nome do organizador ou coordenador, desde que ele esteja indicado ou destacado na publicação com esse título (ou outro semelhante: diretor, responsável etc.).

Após o nome, coloca-se, entre parênteses, o título que caracteriza a função e/ou responsabilidade, de forma abreviada (coord., org. etc.).

Exemplos:

NALINI, José Renato (coord.). **Uma nova ética para o juiz**. São Paulo: Revista dos Tribunais, 1994.

SILVA, José; COSTA, Antonio; SANTOS, Sonia (coords.). **Questões de direito de família**. São Paulo: Timétis, 1998.

6.6.4.5 Autor anônimo

Quanto se trata de texto de autoria desconhecida, entra-se com "ANÔNIMO" e depois com os demais elementos.

A norma NBR 6.023 diz que quando o autor é anônimo deve-se dar entrada na bibliografia pelo título. Contudo, essa não parece ser a melhor orientação.

Em primeiro lugar, diga-se que a praxe é entrar com anônimo na bibliografia[33]. Depois, é evidente que a anotação de anônimo facilita a busca do leitor, que, pelo menos, logo identifica do que se trata. O título não é o melhor designativo para o texto que não tem autoria. Além do que, conforme já o dissemos, sem a designação de anônimo, pode parecer falha do estudante.

---

33. Por exemplo, Norberto Bobbio assim o faz na sua obra **Estado, governo, sociedade: para uma teoria geral da política.** 4ª ed. Trad. Marco Aurélio Nogueira. São Paulo-Rio de Janeiro: Paz e Terra, 1992.

ANÔNIMO. **A sociedade brasileira**. São Paulo: Timétis, 1997.

6.6.4.6 Obra publicada sob pseudônimo

No caso de obra publicada sob pseudônimo, este deve ser indicado na bibliografia. Se o estudante souber o nome verdadeiro do autor, pode colocá-lo após o pseudônimo, dentro de colchetes. Mas isso não é necessário, especialmente com pseudônimos muito conhecidos. Por exemplo, Voltaire é pseudônimo de François Marie Arouet, mas não se faz a indicação de seu nome verdadeiro. Voltaire basta. Porém, pode-se referir, caso se queira, como indica a NBR 6.023: TUPINAMBÁ, Marcelo [Fernando Lobo].

6.6.5 Indicação de obras produzidas por pessoa jurídica e outras entidades

Neste subitem, iremos ainda partir da norma NBR 6.023, porém com algumas modificações, visando adaptar o contexto das indicações para a área jurídica e acrescentando certas especificações não tratadas por ela.

Geralmente produções de pessoas jurídicas e entidades têm indicação pelo título, mas há casos especiais, como veremos adiante.

6.6.5.1 Congressos, reuniões, simpósios

Entra-se com o nome do evento, seu número, o local da ocorrência e o título do texto (anais, conclusões, carta etc.) seguido de reticências. Depois a imprenta[34] e demais dados complementares.

Exemplos:

34. Imprenta é o termo utilizado para designar local, editora e data da edição (ver *infra*, subitem 6.6.10).

> Congresso Brasileiro de Filosofia Jurídica e Social, 2º, 1986, São Paulo. Anais... São Paulo: Instituto Brasileiro de Filosofia, 1986.
>
> Simpósio de Direito Processual Civil, 1975, Curitiba. Conclusões... São Paulo: Revista dos Tribunais, v. 482, p. 270-3, 1975.
>
> Encontro Nacional dos Tribunais de Alçada, 5º, 1981, Rio de Janeiro. Anais... Rio de Janeiro: Esplanada, 1982.

6.6.5.2 Órgãos públicos

Para textos editados por entidades públicas providas de personalidade jurídica, de âmbito nacional, entra-se com o nome e depois com os demais elementos.

Exemplo:

> Instituto Nacional de Propriedade Industrial. **Pesquisa sobre indeferimento de pedidos de registro**. Rio de Janeiro: INPI, 1980.

Se for entidade estrangeira, coloca-se o país entre parênteses, após o nome.

Naqueles editados por entidades estaduais ou municipais, coloca-se após o nome, entre parênteses, o Estado ou cidade. Exemplo: Instituto Médico-Legal (SP).

Nos editados por órgãos desprovidos de personalidade jurídica própria, tais como departamentos, secretarias etc., entra-se com o órgão superior ao qual pertença, precedido da unidade da Federação ou colocando a União.

Exemplo:

> Brasil. Ministério da Justiça. Secretaria dos Direitos da Cidadania. **Plano nacional dos direitos da mulher**. Brasília: Ministério da Justiça, 1990.

6.6.5.3 Revistas, periódicos, boletins

As revistas, periódicos e boletins terão entrada na bibliografia pelo seu nome, mesmo que haja um autor ou coordenador, responsável etc.

Pode-se, também, indicar o nome da entidade ou da editora, especialmente para deixar clara a origem do periódico. Nesse caso incorpora-se o nome da entidade ou editora entre colchetes. Depois entram os outros elementos, acrescidos do volume, número ou qualquer elemento que identifique o fascículo ou volume e a data da publicação (mês, trimestre, bimestre, semestre etc. e ano).

Exemplos:

BOLETIM DA ASSOCIAÇÃO DOS ADVOGADOS DE SÃO PAULO. São Paulo: AASP, nº 1990, 12 a 18.02.97.

REVISTA DIGNIDADE DO PROGRAMA DE PÓS-GRADUAÇÃO EM DIREITO DA UNIMES/SANTOS. São Paulo: Método, nº 1, 2002.

REVISTA DE DIREITO DO CONSUMIDOR [do Instituto Brasileiro de Política e Direito do Consumidor]. São Paulo: Revista dos Tribunais, nº 6, abr./jun., 1993.

Se a publicação estiver encerrada, ao final fecham-se as datas: 1950-1982.

Se o volume, número ou edição especial tiver título específico, este é incluído.

Exemplo:

Revista do Advogado [da Associação dos Advogados de São Paulo]. Direito Securitário. São Paulo: AASP, nº 47, mar./96.

6.6.6 Indicação do título da obra, texto ou trabalho

6.6.6.1 Grafia do título

A transcrição do título deve ser, de regra, integral, em redondo e negrito[35], com todas as letras minúsculas, exceção da primeira letra da primeira palavra e da primeira letra dos nomes próprios e daqueles usualmente iniciados com maiúsculas. O título entra após o ponto colocado ao final do nome.

Exemplo:

> SCAFF, Fernando. **Responsabilidade do estado intervencionista**. São Paulo: Saraiva, 1990.

Quando se tratar de título e/ou subtítulo demasiadamente longos[36], pode-se suprimir palavras, substituindo-as por três pontos (...) ou abreviando-as. Contudo, a supressão ou abreviatura não deve incidir sobre as primeiras palavras e deve preservar o sentido.

Exemplo:

> FRIEDE, Reis. **Medidas liminares e providências cautelares ínsitas em HC, ação popular, ação civil pública**... Rio de Janeiro: Forense Universitária, 1997.

35. Se, por acaso, sem outra alternativa, o aluno for usar máquina de escrever manual ou elétrica antiga, que não tem o recurso do negrito, então, nesse caso, sublinha-se o título.
36. Em obras editadas é raro títulos muito longos, mas em dissertações de mestrado e teses de doutorado costuma-se encontrá-los.

6.6.6.2 *Subtítulo*

O subtítulo (da mesma forma que o título) deve ser reproduzido tal como figura na obra. Entre o título e o subtítulo, colocam-se dois-pontos. O subtítulo entra em redondo sem negrito.

Exemplo:

> LÔBO, Paulo Luiz Netto. **O contrato: exigências e concepções atuais**. São Paulo: Saraiva, 1986.

6.6.6.3 *Títulos em língua estrangeira*

Se o texto usado é estrangeiro, transcreve-se o título na língua de origem. Se existir tradução em português, coloca-se esse título, entre colchetes (em tipo redondo), em seguida ao título original.

Exemplo:

> ARENDT, Hannah. **Between past and future** [Entre o passado e o futuro]. New York: Penguin, 1977.

Se a obra traduzida foi também utilizada, ela, então, entrará na bibliografia.

6.6.7 Indicação da autoria e título de artigos insertos em periódicos, revistas, jornais

6.6.7.1 *Artigos não assinados*

Entra-se pelo título do artigo, com indicação do título da obra, revista, periódico etc., conforme visto no subitem 6.6.5 (especialmente 6.6.5.3).

Acrescenta-se aqui que artigos não assinados em jornais e revistas não especializadas têm a indicação do próprio jornal ou revista.

Exemplo:

Pequenos delitos. **Jornal da Tarde**. São Paulo, 4-12-1996, p. 4A.

6.6.7.2 Artigos assinados

Nos artigos assinados, em periódicos e revistas especializadas e jornais e revistas não especializados, indica-se nessa ordem: autor, título do artigo em redondo, título do periódico, revista ou jornal em negrito, local da publicação, volume, número ou fascículo, páginas do artigo (início e fim) e a data. Observe a pontuação.

Exemplo:

CARRAZZA, Roque Antonio. Natureza jurídica da compensação financeira pela exploração de recursos minerais. Sua manifesta inconstitucionalidade. **Revista do Programa de Pós-Graduação em Direito da Pontifícia Universidade Católica de São Paulo**. [PUC/SP]. São Paulo: Max Limonad, nº 2: 301-345, 1995.

Se for publicada separata, indicar, após o título, separata (de/da/do):, com os demais elementos apontados *supra*.

Exemplo:

SILVA, José. Os malefícios do cigarro. Separata da: **Revista saúde e consumo**. São Paulo: Timétis, nº 1, 2000. p. 280-297.

6.6.8 Indicação de autoria e título de ensaios, artigos ou trechos de obras mais amplas

6.6.8.1 Em obra mais ampla

Entra-se com o nome do autor e título do artigo, ensaio ou trecho em redondo. Após "In:" o autor, coordenador, responsável etc., título da obra-base em negrito e todos os demais elementos com as páginas (início e fim) e a data.

Exemplo:

REALE, Miguel. A ética do juiz na cultura contemporânea. In: NALINI, José Renato (coord.). **Uma nova ética para o juiz**. São Paulo: Revista dos Tribunais, p. 130-146, 1994.

6.6.8.2 Em enciclopédias

Entra-se com o nome do autor, o título do verbete em redondo. Após "In:" o nome da enciclopédia em negrito e os demais elementos ou nome do autor da obra enciclopédica, título e demais elementos.

Exemplo:

FERRAZ JR., Tercio Sampaio. Antinomia. In: **Enciclopédia Saraiva do Direito**. São Paulo: Saraiva, 1978.

6.6.9 Indicação da edição

A primeira edição nunca é indicada. Não havendo, portanto, menção à edição, subentende-se que se trata da primeira.

Entendemos que ela deve ser indicada em ordinais, seguida de ponto e da abreviatura da palavra edição. Tudo logo após o título.

Exemplo:

> CARRAZZA, Elizabeth Nazar. **IPTU e progressividade: igualdade e capacidade contributiva**. 2ª ed. Curitiba: Juruá, 1997.

Quando a nova edição é revista e ampliada (ou aumentada, ou, ainda, atualizada), faz-se tal indicação abreviada.

Exemplo:

> 2ª ed. rev.
> 2ª ed. rev. amp.
> 2ª ed. rev. aum.
> 2ª ed. rev. amp. atual.

As reimpressões não precisam ser indicadas. Deve-se fazer uma observação nesse ponto. Algumas editoras chamam de 2ª, 3ª, 4ª edições aquilo que, por vezes, não passa de reimpressão (como fazem as editoras de obras literárias que chamam de edição as reimpressões). Contudo, como não se faz indicação precisa desses elementos, nem sempre se consegue identificar o que é reimpressão ou edição. Por isso, deve-se indicar o que consta da obra (só não se indica quando está claramente colocado reimpressão).

6.6.10 Imprenta

Imprenta é o termo utilizado para designar local, editora e data da edição.

6.6.10.1 Local

a) Cidade.

Coloca-se o nome da cidade na qual foi feita a edição, tal qual aparece na publicação (São Paulo, Rio de Janeiro etc.).

Se o texto é estrangeiro e traz o nome da cidade na língua local, é assim que deve constar. Por exemplo, indica-se do texto editado em inglês "London" e não o termo aportuguesado "Londres".

b) Em caso de homonímia (conhecida), acrescente-se o nome do estado, país etc., após vírgula. Pode-se abreviar tal informação.

Exemplo:

Viçosa, MG
Viçosa, RN
Córdoba, Espanha
Cordoba, Argentina

c) Mais de um local para só uma editora.

Quando há mais de um local para uma única editora, a norma NBR 6.023 manda indicar o mais destacado. Outros preferem citar o primeiro[37].

Acontece que, às vezes, não há qualquer destaque, bem como não se consegue saber qual é o primeiro[38].

Como mais de duas cidades é raríssimo, então, sugere-se aqui a indicação das duas.

Exemplo:

São Paulo-Rio de Janeiro: Paz e Terra.

37. Veja-se, por exemplo, Antonio Joaquim Severino, **Metodologia do trabalho científico**, p. 101.

38. Veja-se o caso da Editora Paz e Terra. Nas suas publicações a catalogação na fonte fala em Rio de Janeiro. Quando trata dos direitos autorais diz primeiro São Paulo e depois Rio de Janeiro (como decidir?).

Se, excepcionalmente, aparecem mais de dois locais, então tenta-se optar pelo mais destacado, ou, na falta do destaque, pelo primeiro indicado, e, se isso não se puder identificar, pela maior cidade.

Para evitar confusão com a informação, o aluno pode lançar mão do recurso da nota (ver subitem 6.6.19 *infra*), colocando, por exemplo, a primeira cidade com o nome da editora e ao final dos dados a observação.

Exemplo:

NEW YORK: Random House, 1999. Editado em New York, Toronto, London, Sydney, Auckland.

d) Sem indicação do local.

Nesse caso, coloca-se entre colchetes "s.l." (*sine loco*). Exemplo: [s.l.].

e) Sem indicação do local, mas que é conhecido ou pode ser identificado.

Nessa hipótese, o local é indicado entre colchetes. Exemplo: [São Paulo].

6.6.10.2 Editora

a) Única editora conhecida.

Transcreve-se tal qual figura na publicação, abreviando-se prenomes e suprimindo-se os elementos que designam a natureza jurídica ou comercial da editora, desde que estes possam ser dispensados sem prejudicar a identificação.

Exemplo:

Saraiva
Revista dos Tribunais
Paz e Terra

b) Mais de uma editora.

Quando há duas editoras deve-se indicar as duas. A norma NBR 6.023 diz que deve ser indicada a que aparecer com maior destaque na página de rosto e que, se os nomes tiverem o mesmo destaque, deve-se indicar a primeira. Essa orientação não pode ser seguida porque fere o direito autoral das editoras, além de não transmitir clara informação. Além do mais, depois do erro, a norma diz que as demais editoras podem ser registradas com os respectivos lugares. Ficamos, portanto, com nossa orientação.

Exemplo:

FERRAZ JR., Tercio Sampaio. **Conceito de sistema no direito: uma investigação histórica a partir da obra jusfilosófica de Emil Lask**. São Paulo: EDUSP – Revista dos Tribunais, 1976.

Se forem editoras de duas cidades diferentes, colocam-se a cidade de cada uma e os seus nomes, separadas por ponto e vírgula.

Exemplo:

São Paulo: Saraiva; Rio de Janeiro: Globo, 1998.

c) Se forem mais de duas editoras indica-se todas pelos mesmos motivos e utilizando-se os mesmos critérios referidos na letra “b” anterior.

d) Quando não há indicação da editora.

Nesse caso, indica-se o impressor e/ou gráfica. Na falta destes também, coloca-se entre colchetes "s.n." (*sine nomine*) ou "s.e." (sem editora).

Exemplo:

[s.n.] [s.e.]

e) Quando não há indicação da editora, mas ela é conhecida e/ou pode ser identificada.

Nessa hipótese, o nome é indicado entre colchetes.

f) Sem indicação do local e sem nome do editor.

Nesse caso, conjugam-se as indicações deste subitem com as do anterior.

Exemplo:

[s.l.: s.n.]

6.6.10.3 Data

a) Com data indicada.

Transcreve-se a data em algarismos arábicos, sem pontuação.

Exemplo:

1985 (e não 1.985)

Se estiver em algarismos romanos, translitera-se para arábicos.

Exemplo:

1985 (em vez de MCMLXXXV)

b) Sem data indicada.

Se não se puder de forma alguma identificar a data coloca-se "s.d." entre colchetes.

Se for possível saber data provável ou aproximada, utiliza-se o seguinte. Veja os exemplos:

- para data provável: [1985?]
- para data aproximada: [ca. 1985]
- para década certa: [198_]
- para século certo: [18_ _]
- para século provável: [18_ _?]

c) De periódicos, revistas, boletins etc., considerados no todo.

Para os que ainda continuam sendo editados coloca-se um hífen após a data da publicação inicial. Exemplo:

1962-

Para os que se encerraram, após o hífen coloca-se a data do último volume ou número.

Exemplo:

1962-1974

d) Dos periódicos, revistas, boletins etc. considerados no volume ou número.

Indica-se o mês, meses ou período de meses de forma abreviada. Os meses são abreviados com as três primeiras letras, com exceção de maio, que vai com as quatro. Os períodos entre meses são separados por barra.

Exemplos:

jan. 1985
jan./mar. 1990
2º trim. 1987

Para periódicos, revistas, boletins etc. estrangeiros, mantém-se a grafia original da abreviatura dos meses. Veja no apêndice lista de abreviatura dos meses em algumas línguas[39].

6.6.11 Descrição física

Quando a indicação é da obra, a última informação é o número de páginas ou volume. Quando se tratar de indicação de artigo ou ensaio dentro de outra obra mais ampla ou de revista ou trecho de obra coletiva, indicam-se as páginas inicial e final (inclusive).

39. Conforme consta do anexo da NBR 6.023.

6.6.11.1 *Obra de único volume*

Indica-se o número de páginas seguido da abreviatura "p.":

280 p.

6.6.11.2 *Obra de mais de um volume*

Indica-se o número de volumes seguido da abreviatura "v.":

3 v.

6.6.11.3 *Artigos, ensaios e trechos de obras mais amplas*

Indicam-se os números da página inicial e final (inclusive), precedidos da abreviatura "p.":

p. 48-72

Se a publicação não for paginada ou for paginada irregularmente, coloca-se: "não paginado" ou "paginação irregular".

6.6.11.4 *Monografias, dissertações e teses não publicadas*

As folhas de papel são compostas de duas páginas: anverso e verso. As monografias, dissertações e teses – e alguns outros trabalhos – não publicadas são impressas apenas no anverso. Por isso, nesses casos, em vez de utilizar o "p", de página, você deve usar o "f", de folha:

f. 36

6.6.12 Normas jurídicas e decisões judiciais

Tanto a NBR 6.023[40] quanto a doutrina[41] designam a maneira de se fazer a indicação de normas jurídicas e de decisões judiciais na bibliografia.

Acontece que na área jurídica tal indicação não é feita.

Normas jurídicas não aparecem na bibliografia e decisões são indicadas indiretamente nas revistas de jurisprudência.

Caso haja alguma necessidade de indicação, deve-se adotar o seguinte.

6.6.12.1 Normas jurídicas

Quanto às normas jurídicas, como já se disse[42], basta citar no corpo do trabalho o número da norma jurídica ou o seu número e a data de sua promulgação ou, ainda, o nome através do qual ela é conhecida (Constituição Federal, Código Civil brasileiro etc.), e não há, repita-se, indicação na bibliografia.

Se o estudante, por algum motivo especial, precisar fazer a indicação das normas jurídicas pesquisadas, então, nesta hipótese, ele a fará no apêndice ou anexo.

Para tanto deve adotar um critério. Indica-se o seguinte: colocam-se as normas por ordem de data de publicação, iniciando-se pela mais antiga. Elas são apresentadas em ordem hierárquica (primeiro a Constituição Federal, depois as leis ordinárias, medidas provisórias,

40. A norma fala em "Legislação, jurisprudência (decisões judiciais) e doutrina (sic)", (item 7.9), como se doutrina publicada em livro ou artigo fosse obra cultural, científica e acadêmica, diferente de um livro sobre genética, botânica, geologia etc. Ora, fonte de dados publicada é sempre fonte, independentemente do objeto de estudo. A discriminação não tem sentido.

41. Conf. José Tafner; Almerindo Brancher; Malcon A. Tafner. *Metodologia científica*, p. 59 ss.; Antonio Joaquim Severino, *Metodologia do trabalho científico*, p. 98.

42. Conforme subitem 6.3.4.5 *retro*.

a seguir o decreto regulamentar etc.) e separadas por esfera do poder público da qual emanam (federal, estadual, municipal)[43].

Não se deve esquecer que é no apêndice, também, que devem ser transcritos os textos parciais ou integrais das normas jurídicas.

6.6.12.2 *Decisões judiciais*

Da mesma maneira que com as normas jurídicas, conforme também já se disse[44], não se faz indicação da decisão judicial na bibliografia (colocam-se as revistas de jurisprudência).

Porém, pode acontecer de a decisão judicial utilizada não ter sido publicada, pois é de juiz singular em primeira instância; ou se utilizou o texto completo da decisão publicada apenas como ementa no *Diário Oficial*. Nesses casos, o estudante poderá, caso queira, apresentar a decisão no apêndice. Mas, repita-se também aqui, ainda assim não entra na bibliografia.

6.6.13 Traduções

Tratando-se de indicação de obra traduzida, coloca-se o nome do tradutor, precedido da abreviatura "trad.", em redondo, após o título e/ou edição (quando esta é indicada a partir da 2ª). Depois entram os demais elementos.

Exemplo:

BOBBIO, Norberto. **Estado, governo, sociedade: para uma teoria geral da política**. 4ª ed. Trad. Marco Aurélio Nogueira. São Paulo--Rio de Janeiro: Paz e Terra, 1992.

43. Sobre hierarquia das normas jurídicas ver nosso **Manual de introdução ao estudo do direito**, 8ª ed. rev. amp. atual., São Paulo: Saraiva, 2008, caps. 3 e 5.

44. Conforme subitem 6.3.4.6 *retro*.

Como dado adicional, querendo e se existir a indicação, pode-se colocar ao final o título da obra na grafia do original traduzido. Isso não é necessário, mas o estudante tem de ser coerente: se indicar para uma obra, deve indicar para todas (e, nesse caso, nas que não tiverem indicação, deve colocar: "sem indicação do título original").

E, se a tradução foi feita baseada em outra tradução, devem-se indicar ambas. Ou pelo menos a tradução e a língua do original.

6.6.14 Dissertações e teses não publicadas

A indicação se dá da mesma maneira que na monografia publicada, indicando, em vez da editora, a escola, e incluindo-se, após o título, a referência do trabalho (dissertação de mestrado ou tese de doutorado), em redondo, com ponto antes e depois.

Exemplo:

CATTA PRETA FEDERIGHI, Suzana Maria. **A publicidade abusiva que incita à violência**. Dissertação de Mestrado. São Paulo: Pontifícia Universidade Católica, 1997, 271 f.

6.6.15 Manuscritos e outros textos inéditos

Podem ser referidos, desde que com indicações precisas e acrescentando-se, ao final: "lidos em manuscrito" ou "lidos no original digitado ou datilografado", precedido do número de páginas ou folhas.

6.6.16 Dados essenciais e complementares

Você tem a seguir os elementos essenciais e complementares, separados por tipo de publicação.

6.6.16.1 Monografia (livros, dissertações, teses etc.) considerada no todo

Dados essenciais:

- Autor
- Título e subtítulo
- Edição (nº)
- Imprenta

Dados complementares:

- Descrição física (número de páginas ou volumes), ilustração, dimensão
- Série ou coleção
- Notas especiais
- ISBN (registro na Biblioteca Nacional)

6.6.16.2 Partes de monografias

Dados essenciais:

- Autor da parte referenciada
- Título e subtítulo da parte referenciada
- Referência da publicação no todo (com os dados essenciais)
- Localização da parte referenciada (páginas)

Dados complementares:

- Descrição física
- Série
- Notas especiais
- ISBN

6.6.16.3 Periódicos, revistas, boletins

a) Considerados no todo (coleção).

Dados essenciais:

- Título do periódico, revista, boletim
- Imprenta
- Primeiro e, se cessou, último volume

Dados complementares:

- Periodicidade
- Notas especiais
- ISBN

b) Considerados em partes (fascículos, suplementos, números especiais etc.).

Dados essenciais:

- Título da coleção
- Título do fascículo, suplemento, número especial
- Imprenta
- Indicação do volume, número etc.

Dados complementares:

- Número total de páginas do fascículo, suplemento, número especial
- Nota indicativa do tipo do fascículo, quando houver (p. ex.: ed. especial)
- Notas especiais

c) Artigos, ensaios etc. assinados.

Dados essenciais:

- Autor do artigo, ensaio
- Título do artigo, ensaio
- Título do periódico, revista, boletim

- Título do fascículo, suplemento, número especial (quando houver)
- Imprenta
- Número do volume e/ou do fascículo
- Páginas inicial e final (inclusive)

Dados complementares:

- Nota indicativa do tipo de fascículo, quando houver (p. ex.: ed. especial)
- Notas especiais

6.6.16.4 Artigos em jornais

Dados essenciais:

- Autor do artigo
- Título do artigo
- Título do jornal
- Local de publicação
- Data com dia, mês e ano
- Nome do caderno ou suplemento, quando houver
- Página ou páginas do artigo referenciado

Dados complementares:

- Seção
- Caderno ou suplemento, quando só o número da página for suficiente para identificação[45]

45. Às vezes é preciso citar o caderno para identificar corretamente a página. Ex.: Caderno B, p. 6; Caderno A, p. 6.

6.6.17 Internet

A Internet como instrumento de pesquisa e fonte de informação já está bastante difundida e tem sido muito utilizada por estudantes e profissionais.

A citação do material encontrado na pesquisa deve, então, deixar clara a sua origem, quer seja decisão judicial, artigo, dado integrante de *site* etc.

A indicação deve preencher todos os requisitos essenciais descritos nos itens anteriores, na posição respectiva da fonte encontrada: se monografia (livros, dissertações, teses etc.), o nome do autor, título e subtítulo, edição, imprenta; se artigo, o nome do autor, título, data, local se houver; se decisão judicial, o tribunal, a turma ou câmara, grupo regular ou especial que julgou, nome do relator, resultado dos votos (se unânime ou por maioria), data do julgamento, número e tipo de recurso, data da publicação da decisão, veículo da publicação (*DOU*, *DOJ* Estado… etc.), e demais termos essenciais que apareçam na publicação etc.[46]; enfim a indicação, como se disse, deve seguir as regras acima transcritas de referência para cada caso respectivo.

Anote-se que toda vez que faltar algum dado – o que, às vezes ocorre nas publicações da Internet –, essa informação deve ser referida. Assim, por exemplo, se numa decisão judicial não constar a data do julgamento, deve ser indicado: "não consta a data do julgamento".

Todos os elementos devem ser então transcritos entre os sinais < >, precedidos da expressão "Disponível em:" e seguidos da data de acesso, antecedida da expressão "Acesso em:". Após o endereço deve ser colocada a denominação do arquivo eletrônico, se houver, precedida de barra (/).

Exemplos:

46. Para os dados complementares, seguem-se também as mesmas indicações feitas anteriormente.

A 4ª Turma do Superior Tribunal de Justiça, em acórdão da lavra do Ministro Ruy Rosado de Aguiar, firmou entendimento de que o contrato de incorporação, no que tem de específico, é regido pela Lei n. 4.591/64, que lhe é própria. Mas também tem incidência nesse tipo de contrato a Lei n. 8.078/90, o Código de Defesa do Consumidor, que introduziu no sistema jurídico civil princípios gerais que realçam a justiça contratual, a equivalência das prestações e o princípio da boa-fé objetiva*.

* RESP 80036/SP, j. 12-2-1996, v.u. (não conhecendo do recurso), *DJ*, 25-3-1996. Disponível em: <http://www.stj.gov.br/netacgi/nph-brs/jurisprudencia/stj>. Acesso em: 6-9-2000.

CALDEIRA, Mirella D'Angelo. **Inversão do ônus da prova**. Disponível em: <http://www.saraivajur.com.br/serviços/doutrina>. Acesso em: 20-12-2001.

6.6.18 Ordenação da bibliografia

6.6.18.1 Ordem alfabética de nome

A ordenação deve ser feita em ordem alfabética ascendente, pelo nome em maiúsculas, seguido do prenome e complemento após a vírgula.

6.6.18.2 Autor repetido e edições diversas

Quando se indica mais de uma obra do mesmo autor, elas devem ser organizadas em ordem cronológica de edição, iniciando-se na mais antiga, e coloca-se um traço (com 6 toques seguidos de ponto) em lugar do nome, a partir da segunda obra.

Exemplo:

CARRAZZA, Roque Antonio. **O regulamento no direito tributário brasileiro**. São Paulo: Revista dos Tribunais, 1981.

______. **Curso de direito constitucional tributário**. São Paulo: Revista dos Tribunais, 1991.

______. **ICMS**. São Paulo: Malheiros, 1994.

MANUS, Pedro Paulo Teixeira. **Direito do trabalho**. 3ª ed., São Paulo: Atlas, 1993.

______. **CLT universitária**. São Paulo: Atlas, 1994.

Quando se utiliza mais de uma edição da mesma obra, deve-se indicá-las, e para tanto coloca-se em primeiro lugar a 1ª edição ou a mais antiga e na sequência a mais recente, substituindo título e nome do autor por um traço de 6 toques seguido de ponto e novo traço de 6 toques seguido de ponto.

Exemplo:

Rizzatto Nunes. **Curso de direito do consumidor**. São Paulo: Saraiva, 2004.

______. ______. 2ª ed. rev. modif. atual. São Paulo: Saraiva, 2005.

6.6.18.3 Ordenação por assunto

A bibliografia pode, também, ser organizada em ordem alfabética, separada por assunto.

Assim, por exemplo, suponhamos que se trate de uma investigação sobre a obra de Kelsen. Seria possível separar as obras da seguinte maneira:

a) obras de Kelsen

b) estudos sobre a obra de Kelsen:

 b.1) no Brasil

 b.2) nos Estados Unidos

 b.3) na Europa

c) outras obras utilizadas etc.

Numa organização desse tipo, pelo menos as obras de Kelsen deveriam ser organizadas em ordem cronológica de edição. As demais obras poderiam estar apenas em ordem alfabética. Mas, se se quisesse estabelecer um desenvolvimento do pensamento sobre Kelsen dos próprios comentadores de sua obra, anotando-se paralelos das reflexões aqui e ali, tais elementos já devem ter aparecido no corpo do trabalho. Nesse caso a bibliografia, de maneira coerente com o texto desenvolvido, seria também organizada em ordem cronológica.

6.6.18.4 O sistema autor-data

A outra maneira de apresentação bibliográfica, conforme já tratado (subitem 6.3.7), pressupõe uma organização da citação que designa o nome do autor e a data da primeira edição do texto utilizado. A organização da bibliografia, então, será em ordem alfabética de nome e ordem cronológica das edições do mesmo autor, porém, com destaque para a data da primeira edição e estabelecendo-se a ordem cronológica pelas datas das primeiras edições.

Sempre que o mesmo autor tiver editado num mesmo ano mais de uma obra, incluir-se-ão as letras (a, b, c etc.) ao lado do ano. Como mesmo ano subentende-se a data da publicação original.

Exemplo:

DINIZ, Maria Helena. **Conceito de norma jurídica como problema de essência**. São Paulo: Revista dos Tribunais, 1977.

_____. **As lacunas no direito**. São Paulo: Revista dos Tribunais, 1980.

_____. **Conflito de normas**. São Paulo: Saraiva, 1987.

FERRAZ JR., Tercio Sampaio. **Direito, retórica e comunicação**. São Paulo: Saraiva, 1973.

_____. **Teoria da norma jurídica**. 2ª ed., Rio de Janeiro: Forense, 1986.

_____. Decreto-lei: um instrumento discricionário. **Jornal do Advogado**. São Paulo: OAB/SP, abr. 1985a.

_____. **Constituinte: assembleia, processo, poder**. São Paulo: Revista dos Tribunais, 1985b.

6.6.18.5 Numeração

A bibliografia pode ou não ser numerada em ordem consecutiva e crescente. Fica a critério do estudante.

Contudo, consigne-se que, se for numerar, deixe essa providência como último ato a ser produzido, uma vez que é sempre possível, até a revisão final, introduzirem-se ou retirarem-se referências bibliográficas.

De qualquer maneira, diga-se que a maior parte dos trabalhos que vêm sendo produzidos não traz bibliografia numerada.

6.6.19 Notas

Se o dado que você tem para referir não constar como indicado em nenhum dos subitens anteriores, você pode, então, inseri-lo como nota ao final. Pode ser colocado o ISBN, o número de páginas, a indicação de que está no prelo, isto é, está sendo editado etc.

Veja exemplo:

> RIZZATTO NUNES, L. A. **O princípio constitucional da dignidade da pessoa humana**. São Paulo: Saraiva, 2002. No prelo.

6.6.20 Citações relativas a simpósios, palestras, congressos etc.

Já cuidei desse assunto no subitem 6.3.9 retro. Mas, recoloco-o aqui para o caso de o leitor buscar a informação a partir das Referências. O tema é o da indicação de conteúdo que não foi publicado em nenhum suporte físico ou virtual.

Como eu disse anteriormente, esse tipo de citação não é usual, mas pode ser utilizado desde que, no contexto do trabalho, seja apenas um dos elementos da investigação e jamais tenha "peso" no corpo do trabalho em comparação com os demais componentes da pesquisa apresentada. Nesse caso, então, deve ser feita a indicação de dados completos: o nome do expositor, o tema de sua exposição, assim como o título do simpósio, da palestra, do congresso etc., o local do evento (endereço, cidade, Estado, país e outros dados de identificação), a data e o horário, o nome dos promotores do evento, enfim, todo e qualquer dado que identifique o momento e o local da coleta, e o autor da fala/exposição.

Naturalmente, esse tipo de coleta de informação não entra nas Referências bibliográficas. Logo, os dados completos devem ser colocados no rodapé.

6.7 O SUMÁRIO

Composto, então, todo o trabalho, inclusive com a introdução, que é, como se viu, o último trecho a ser redigido, você já pode elaborar o sumário.

É verdade que um dado essencial do sumário, o número das folhas dos capítulos, itens, subitens etc., você ainda não tem. Esses você só indicará na redação final, pois só quando tiver certeza que chegou ao texto definitivo é que poderá indicar as folhas.

Todavia, pode – e deve – já preparar o sumário, ainda que sem a indicação dessa numeração.

Esse sumário, então, irá ajudá-lo na elaboração do texto final, pois demonstrará, de forma sintética e de fácil visualização, toda a monografia, capítulo a capítulo, permitindo que se identifique a todo o instante a exata localização dos temas.

Quanto à posição do sumário no texto, entendemos que ele deve abrir o trabalho, sendo inserido logo após as folhas de rosto, de dedicatória e de agradecimentos, dos resumos e antes da introdução (que tem de estar indicada no sumário).

Como exemplo, *vide* o sumário deste livro.

7

A redação final

É chegado o momento da elaboração final do texto escrito. Você veio até aqui – seguindo o roteiro traçado – e tem, já, um texto provisório pronto. Neste instante, a atitude a tomar diante do próprio texto é a de um leitor independente: leia o texto "como se" não o tivesse escrito. Ainda que isso não seja absolutamente possível, essa postura diante do texto facilita muito a descoberta das imperfeições que a redação apresenta. É uma maneira de se fazer uma leitura crítica adequada da própria monografia, antes de submetê-la à avaliação da banca, que por certo fará uma leitura desse tipo.

Esse é o momento para você criar capítulos, itens e subitens novos; eliminar os já existentes; fundir capítulos, itens e subitens; escrever novos parágrafos, aglutiná-los ou eliminá-los; separar parágrafos longos em dois ou três; mudar a ordem de subitens, itens e até capítulos. Essas alterações, evidentemente, afetarão o sumário. Mas este, que já está preparado, é um excelente guia para se imaginar fusões e exclusões dos capítulos, itens e subitens, bem como indicar a criação de novos.

7.1 DIGITAÇÃO PROFISSIONAL

Àqueles que podem gastar um pouco mais, aconselha-se a utilização do digitador profissional de texto. Ainda que o custo do trabalho aumente, não resta dúvida de que o resultado final acaba sendo melhor, especialmente pelo fato de que as revisões ficam facilitadas.

Se o escritor vai escrever um texto para ser editado, ele talvez não tenha necessidade da utilização de um digitador profissional, porque esse serviço de digitação pode ser oferecido pela editora.

Mas, em se tratando de texto a ser entregue pronto e acabado – quanto ao conteúdo e à forma – para o exame de uma banca, todo cuidado é pouco. Por isso, em podendo, o aluno deve servir-se de digitador profissional.

Encontrá-lo não é difícil. Normalmente há anúncios desse serviço na própria escola. Ainda que aumente o custo da investigação, aconselha-se que, pelo menos, seja feita uma consulta dos preços.

Todavia, cuidado. Só contrate um digitador depois de perguntar se ele segue as regras técnicas formalmente exigidas para a elaboração do texto. Esse questionamento, que é importante para o aluno de graduação, é fundamental para o pós-graduando, uma vez que no bacharelado ainda é possível que a banca releve algum problema em nível de digitação e de aspectos gráficos. Contudo, falhas desse tipo não são aceitas nas apresentações das dissertações de mestrado e teses de doutorado. Arriscaríamos dizer que na pós-graduação, por esse motivo, a digitação externa quase que se torna necessária.

É verdade que o estudante pode já ter elaborado o texto da monografia no microcomputador, o que poderia fazer com que se pense que o conselho para a utilização da digitação externa valesse apenas para estudantes que redigissem o texto à mão. É claro que para estes a digitação profissional é praticamente uma necessidade. Porém, mesmo para aqueles que já tenham digitado o texto no micro, ainda assim é vantajoso que o texto final seja feito fora. Desta feita não como digitação, mas como editoração. É normal que o estudante, durante a digitação, acabe não cumprindo as regras formais exigidas integralmente ou nem sequer saiba utilizar-se totalmente dos recursos oferecidos pelo redator de texto instalado.

O digitador profissional, como dito, terá de cumprir todas as regras técnicas e gráficas para elaborar o texto. Igualmente, o digitador que fizer apenas a editoração deve adequar a monografia a essas regras.

Vale lembrar que o preço a pagar para o digitador profissional fazer apenas a editoração e a impressão final é menor, uma vez que o digitador profissional não precisará efetuar a digitação de todo o texto.

Vejamos, então, ordenadamente, quais são as vantagens da utilização da digitação/editoração profissional.

A primeira é a de liberar o estudante da atenção (e tensão) com os aspectos gráficos do texto (que iremos tratar logo a seguir). Não se está querendo dizer com isso que o aluno não tem de observar o aspecto gráfico. Tem sim. Acontece que uma coisa é redigir preocupando-se com o aspecto gráfico; outra, muito mais suave, é ler o texto digitado, conferindo a adequação dos aspectos gráficos. Sem essa preocupação, fica-se mais livre para preocupar-se com o conteúdo do texto.

Segundo, como o trabalho definitivo está sendo digitado ou editorado por uma outra pessoa, sua releitura se fará com mais facilidade, como se o texto não tivesse sido redigido pelo próprio estudante. Isso ajuda bastante a encontrar erros nas frases, nas construções dos parágrafos, na argumentação etc.

Lembre-se que, mesmo quando se procura o profissional apenas para a editoração, o aluno receberá (pois é direito seu) uma cópia prévia do trabalho para fazer a releitura, ver a formatação, efetuar alterações no conteúdo, corrigir erros gramaticais e imperfeições na argumentação, além da checagem necessária da digitação feita pelo digitador profissional, antes da impressão final.

Nessa releitura preste atenção especial aos nomes dos autores citados e aos títulos das obras; cheque a numeração das páginas, das notas de rodapé e dos capítulos, itens e subitens; veja se as aspas das citações foram abertas e fechadas; reveja as remissões internas e averigúe se as dos rodapés estão adequadas; examine os aspectos gráficos: margens, entradas, espaçamento, corpos de letra etc.; certifique-se dos nomes dos autores e títulos das obras na bibliografia e se os nomes estão mesmo em ordem alfabética.

Por fim, diga-se que, digitando pessoalmente ou utilizando-se da digitação externa, o estudante não pode esquecer de manter uma cópia impressa do texto e outra em disquete.

7.2 ASPECTOS GRÁFICOS E TÉCNICOS DA REDAÇÃO

Iremos aqui apresentar certas técnicas de redação, bem como os aspectos gráficos que devem ser utilizados na composição da redação final do texto.

Nosso pressuposto é o de que os trabalhos estejam sendo digitados no microcomputador. Não dá mais para se falar em datilografia de uma monografia, visto que a máquina de escrever já se tornou obsoleta. Mas é claro que, se algum estudante estiver ainda utilizando-se de uma, por certo sofrerá todas as dificuldades inerentes a esse ultrapassado sistema de montagem de textos, especialmente os mais longos.

Contudo, estando informatizado, não existirão, de fato, dificuldades técnicas para a composição do texto final.

A monografia tem a seguinte disposição geral:

- Capa
- Lombada
- Folha de rosto
- Folha para a banca examinadora assinar
- Dedicatória
- Agradecimentos
- Resumos
- Sumário
- Introdução
- Capítulos (desenvolvimento)
- Conclusão
- Referências
- Anexo

7.2.1 Encadernação: brochura (cartolina plastificada), brochura (capa dura) ou espiral?

A apresentação do trabalho é a primeira imagem que todos têm ao entrar em contato com ele. Logo, é importante que seja feita com cuidado.

Monografias encadernadas no modelo de brochura (em cartolina plastificada, lombada quadrada, miolo costurado e colado) e brochura (em papelão recoberto com percalux – que imita o couro –, lombada quadrada, miolo costurado e colado, com gravação em dourado ou prata, também conhecida como *capa dura*) geram impacto positivo em quem as vê. Esses dois tipos de encadernação deixam o trabalho bem formatado, com aparência de limpo e organizado.

As encadernações em espiral (capa em PVC – plástico usado –, do tipo transparente, com miolo preso por espiral plástico ou arame recoberto de plástico) não têm essa beleza estética e não são as indicadas pelas faculdades para o depósito em seus arquivos por serem pouco resistentes e não ficarem arrumadas de forma adequada nas estantes das bibliotecas.

As brochuras com capa em cartolina funcionam bem em textos de até duzentas e oitenta folhas. As de capa dura comportam até oitocentas folhas. Contudo, cuidado. A partir das duzentas e oitenta folhas, a leitura do texto torna-se difícil, especialmente a das folhas centrais, que não se abrem facilmente.

Assim, em trabalhos muito longos têm-se três caminhos para solucionar o problema da leitura nas encadernações:

a) a *espiral*, que tira a beleza da forma, mas deixa a leitura fluir normalmente;

b) a *brochura* com o desmembramento do trabalho em dois ou mais volumes;

c) a *brochura* em um volume, mas com digitação em que a margem esquerda seja de 3,5 cm para facilitar a leitura.

No caso das monografias de graduação, como, via de regra, elas não ultrapassarão as duzentas e oitenta páginas, vale a orientação de sempre encaderná-las com a técnica da brochura[1].

1. Nas dissertações de mestrado e teses de doutorado, exige-se a brochura (em cartolina plastificada ou capa dura em percalux) para os volumes que ficarão arquivados na biblioteca e os que serão enviados aos órgãos do governo. Para os examinadores, os volumes podem estar em espirais, se autorizado pelo presidente da banca ou caso esteja previsto nas normas vigentes na escola (ver mais sobre o assunto, à frente, na 2ª parte deste livro: Capítulo 6, item 6.1).

7.2.2 A lombada

A encadernação deve ter lombada impressa com o nome do estudante, o título do trabalho, o nome da escola e o ano, tudo da seguinte maneira:

a) o nome[2] entra na horizontal, na parte de cima;

b) o título do trabalho entra na vertical, no meio;

c) o nome da escola, abreviado, e o ano entram na horizontal, abaixo.

Talvez surjam problemas com o tamanho do nome, dos títulos e com a extensão do trabalho: pode acontecer de o trabalho não ser muito extenso, tornando a lombada fina para a colocação do sobrenome na horizontal; pode o sobrenome ser muito extenso; e é possível, ainda, que o título seja tão longo que não caiba nem na vertical. Nesses casos, então, por exceção, o sobrenome entra, ao alto, na vertical e o título é abreviado, colocando-se três pontos ao final (...).

Vejamos exemplos:

2. Deve ser colocado o nome e não o prenome (ver os exemplos).

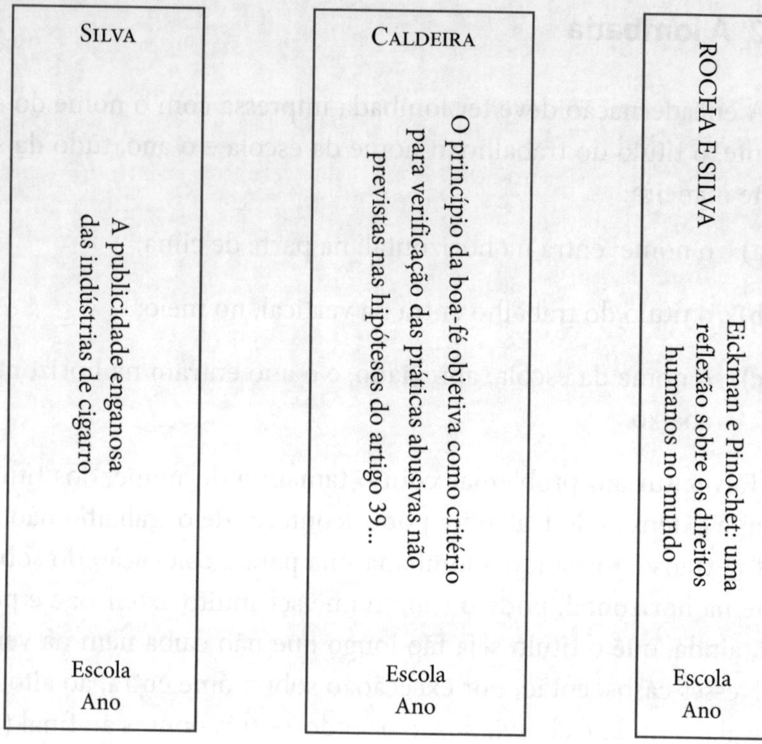

7.2.3 A capa

A capa do trabalho deve ter:

- no alto: o nome do estudante na ordem natural, em letras maiúsculas;
- no centro: o título do trabalho, em letras maiúsculas com corpo maior que o do nome do estudante;
- subtítulo, se houver. Após o final do título coloca-se dois pontos e o subtítulo, em letras minúsculas no mesmo corpo do título;
- número do volume, se houver mais de um (em cada capa deve constar o número do respectivo volume);

- abaixo do título, em letras maiúsculas, em tipo de corpo igual ao do nome, a indicação do curso cujo grau se pretende adquirir;
- embaixo: o nome da escola, local (cidade)[3] e ano do depósito do trabalho, em tipo e corpo iguais ao do nome[4].

Vejamos exemplos de capa:

3. No caso de cidades homônimas, coloca-se também a sigla do Estado-membro.
4. A capa na encadernação espiral é feita na primeira folha após a capa de plástico transparente.

Capa

MARIA DA SILVA

A PUBLICIDADE ENGANOSA DAS INDÚSTRIAS DE CIGARRO

BACHARELADO EM DIREITO

PUC/SÃO PAULO[5]

2013

5. É preciso consultar a escola quanto à forma de colocação do nome, pois algumas exigem-no por extenso e outras abreviado.

Capa

MARIA DA SILVA

A PUBLICIDADE ENGANOSA
DAS INDÚSTRIAS DE CIGARRO

MESTRADO EM DIREITO

PUC/SÃO PAULO
2013

7.2.4 A folha de rosto

7.2.4.1 No anverso

A folha de rosto é a primeira que vem logo após a capa. Deve conter:

- no alto: nome do autor;
- no centro: título e subtítulo (se houver);
- número do volume (se houver mais de um);
- embaixo: local (cidade) e ano do depósito;
- entre o título e o local/ano, à direita da folha: a natureza do trabalho, sua função acadêmica e o nome da escola, sempre acompanhado da expressão "exigência parcial", e o nome do professor orientador (e, se houver, também do coorientador).

Exemplo de folha de rosto:

Capa

MARIA DA SILVA

A PUBLICIDADE ENGANOSA DAS INDÚSTRIAS DE CIGARRO

Monografia apresentada à banca examinadora da Faculdade de Direito da Pontifícia Universidade Católica de São Paulo, como exigência parcial para obtenção do grau de bacharel em direito, sob a orientação do professor Tailson Pires Costa.

PUC/SÃO PAULO

2013

7.2.4.2 *Ficha catalográfica*

Normalmente ela é elaborada pela bibliotecária da escola, após o texto definitivo estar pronto.

Veja, a seguir, dois exemplos de ficha catalográfica:

Godoy, Arnaldo Sampaio de Moraes

Literatura e direito, anatomia de um desencanto: desilusão jurídica em Monteiro Lobato. – São Paulo: s.n., 2000.

224 f. : 30 cm

Dissertação (Mestrado) – Pontifícia Universidade Católica de São Paulo

Área de concentração: Filosofia do Direito

Orientador: Luiz Antonio Rizzatto Nunes

1. Direito e literatura. 2. Direito – Filosofia. 3. Lobato, Monteiro, 1882-1948 – História e crítica.

Palavras-chave: Advogados – Desencanto jurídico – Juristas – Literatura jurídica – Metajurídica[6].

ISBN 85-02-02390-X

Dados Internacionais de Catalogação na Publicação (CIP)
(Câmara Brasileira do Livro, SP, Brasil)

Nunes, Luiz Antonio Rizzatto, 1956-

Manual da monografia jurídica / Luiz Antonio Rizzatto Nunes – 3. ed., rev. e amp. – São Paulo : Saraiva, 2001.

1. Direito - Linguagem. 2. Trabalhos científicos - Metodologia. 3. Trabalhos científicos - Redação. I. Título.

99-3116 CDU-340.113.2:82.083

Índice para catálogo sistemático:
1. Monografias jurídicas : Elaboração 340.113.2:82.083

Obs.: Dados fornecidos pela Editora Saraiva e catalogados pela Câmara Brasileira do Livro, de São Paulo.

6. Elaborada pela bibliotecária da PUC/SP.

7.2.5 Folha de aprovação

Após a folha de rosto entra uma nova folha contendo o seguinte:

- nome do autor do trabalho;
- título do trabalho e subtítulo (se houver);
- natureza: tipo de trabalho, objetivo, nome da instituição, área de concentração;
- data da aprovação;
- nome, titulação e assinatura dos componentes da turma julgadora e instituição a que pertencem.

Obs.: A data da aprovação ficará em branco para ser preenchida na oportunidade e, claro, também deve ficar em branco o espaço para a colheita das assinaturas dos examinadores, o nome e a IES.

Exemplo:

Folha para banca examinadora

MARIA DA SILVA

A PUBLICIDADE ENGANOSA DAS INDÚSTRIAS DE CIGARRO

BACHARELADO EM DIREITO

Data: __/__/____

Banca Examinadora

____

Nome:

IES:

____

Nome:

IES:

____

Nome:

IES:

PUC/SÃO PAULO

2013

7.2.6 Agradecimentos, dedicatória e resumos

7.2.6.1 Agradecimentos e dedicatória

Após a folha para assinatura da banca, costuma-se colocar os agradecimentos àqueles que colaboraram com o estudante para a elaboração do trabalho: professores, órgãos de pesquisa, membros de instituições jurídicas etc. E, claro, também o orientador e o coorientador (se houver).

Se o aluno quiser fazer uma dedicatória a familiares e/ou pessoas queridas, ela deve ser feita em folha separada, anteriormente à folha de agradecimentos, após a folha de rosto.

7.2.6.2 Resumos

São duas folhas de resumo, uma em vernáculo e outra em língua estrangeira, ambas com as seguintes características:

- o resumo deve ressaltar o objetivo, o método, os resultados e as conclusões do documento;
- deve ter de 150 a 500 palavras;
- deve ser composto de uma sequência de frases concisas, afirmativas, e não de enumeração de tópicos. Recomenda-se o uso de parágrafo único;
- a primeira frase deve ser significativa, explicando o tema principal do documento. A seguir, deve-se indicar a informação sobre a categoria do tratamento (memória, estudo de caso, análise da situação etc.);
- deve-se usar o verbo na voz ativa e na terceira pessoa do singular.

A elaboração do resumo impõe um forte exercício de síntese ao estudante. Isto porque seu texto não pode ultrapassar uma folha e, apesar disso, deve conter, no essencial, do que trata a monografia, apontando o tema, a proposta da pesquisa, os objetivos alcançados etc.

Como técnica de elaboração do resumo, podemos indicar que você procure fazer uma síntese da introdução com a conclusão. Se estas estiverem benfeitas (ver, a respeito, os itens 6.2 e 6.4 da 1ª Parte deste livro), então, o resumo sairá com maior facilidade.

Exige-se, também, que o resumo seja apresentado em língua estrangeira, o que é feito na folha seguinte com as mesmas características.

Depois do resumo, logo abaixo, na mesma folha, devem figurar as palavras-chave, antecedidas da expressão "palavras-chave", separadas entre si por ponto e finalizadas também por ponto.

7.2.7 Sumário

Na sequência da monografia, vem o sumário, também chamado de índice.

O sumário terá as mesmas medidas de entradas de margens que as da redação do trabalho (ver a seguir). A diferença está no corpo da letra. Para o sumário não ficar muito extenso e, principalmente, para permitir uma global visualização dos vários títulos dos capítulos, itens e subitens, usam-se letras de corpo menor que o da redação do restante da monografia.

A entrada dos capítulos, itens, subitens, seus números e títulos deve dar-se da seguinte maneira:

- entra-se com o número e título do capítulo;
- abaixo da primeira letra do título do capítulo, entra-se com o número e título do item;
- abaixo da primeira letra do título do item, entra-se com o número e título do subitem, fazendo-se o mesmo com nova subdivisão.

Exemplo:

6. A REDAÇÃO DA MONOGRAFIA
6.1 A linguagem usada no texto
6.1.1 Aspectos gerais

7.2.8 Margens e espaçamento

As orientações seguintes servem para a parte do desenvolvimento da monografia (capítulos), bem como para a introdução e a conclusão. A bibliografia terá a mesma medida de margeamento, porém comporta orientação especial (ver subitem 7.2.15 *infra*).

- O papel a ser utilizado é o A4 (21 cm x 29,7 cm).
- A impressão é feita num só lado da folha (no anverso), usando-se a melhor definição de tinta que a impressora tiver.
- O tipo de letra a ser utilizado fica a critério do estudante. Os mais comuns são o Arial e o *Times New Roman*. Já o tamanho do corpo recomendado é o 12, com algumas exceções: por exemplo, exatamente o *Times New Roman* possui um formato menor e, por isso, ao utilizá-lo, deve-se escolher o corpo 14.
- As páginas devem obedecer às seguintes margens:

  a) superior: 3 cm

  b) inferior: 2 cm

  c) esquerda: 3 cm

  d) direita: 2 cm

- O espaçamento entre as linhas deve ser o duplo, para que a leitura fique mais fácil e fluente. Pode-se, querendo, utilizar o espaçamento 1,5 para diminuir o número de folhas, sempre que se quiser evitar a abertura de um segundo volume. Mas não se deve usar o espaçamento simples, que só é usado no rodapé.

- O espaçamento em relação aos títulos dos capítulos, itens e subitens:
  - Os capítulos novos sempre iniciam-se em folha nova.
  - O título do capítulo entra ao alto da folha, antecedido pelo número, com 3 cm de margem esquerda. Todas as letras em maiúscula, tamanho do corpo 14 e em negrito.
  - Após o título deixa-se o espaço correspondente a duas linhas em branco.
  - Os títulos do item e subitem são postos após duas linhas em branco, contadas do final do parágrafo anterior, e com espaço de uma linha em branco em relação ao primeiro parágrafo.
- A primeira linha do parágrafo após o título do capítulo com um algarismo (p. ex., 5) começa com 1,25 cm à esquerda, e as demais linhas vão alinhadas à direita e à esquerda nas margens.
- A primeira linha do parágrafo após o item de dois algarismos (p. ex., 5.1) começa com 2,5 cm à esquerda, e as demais linhas vão alinhadas à direita e à esquerda nas margens.
- A primeira linha do parágrafo após o subitem de três algarismos (p. ex., 5.1.1) ou de quatro algarismos (p. ex., 5.1.1.1) começa com 3,75 cm à esquerda, e as demais linhas vão alinhadas à direita e à esquerda nas margens.
- Entre um parágrafo e outro deixa-se um espaço em branco.

Vejamos o exemplo a seguir:

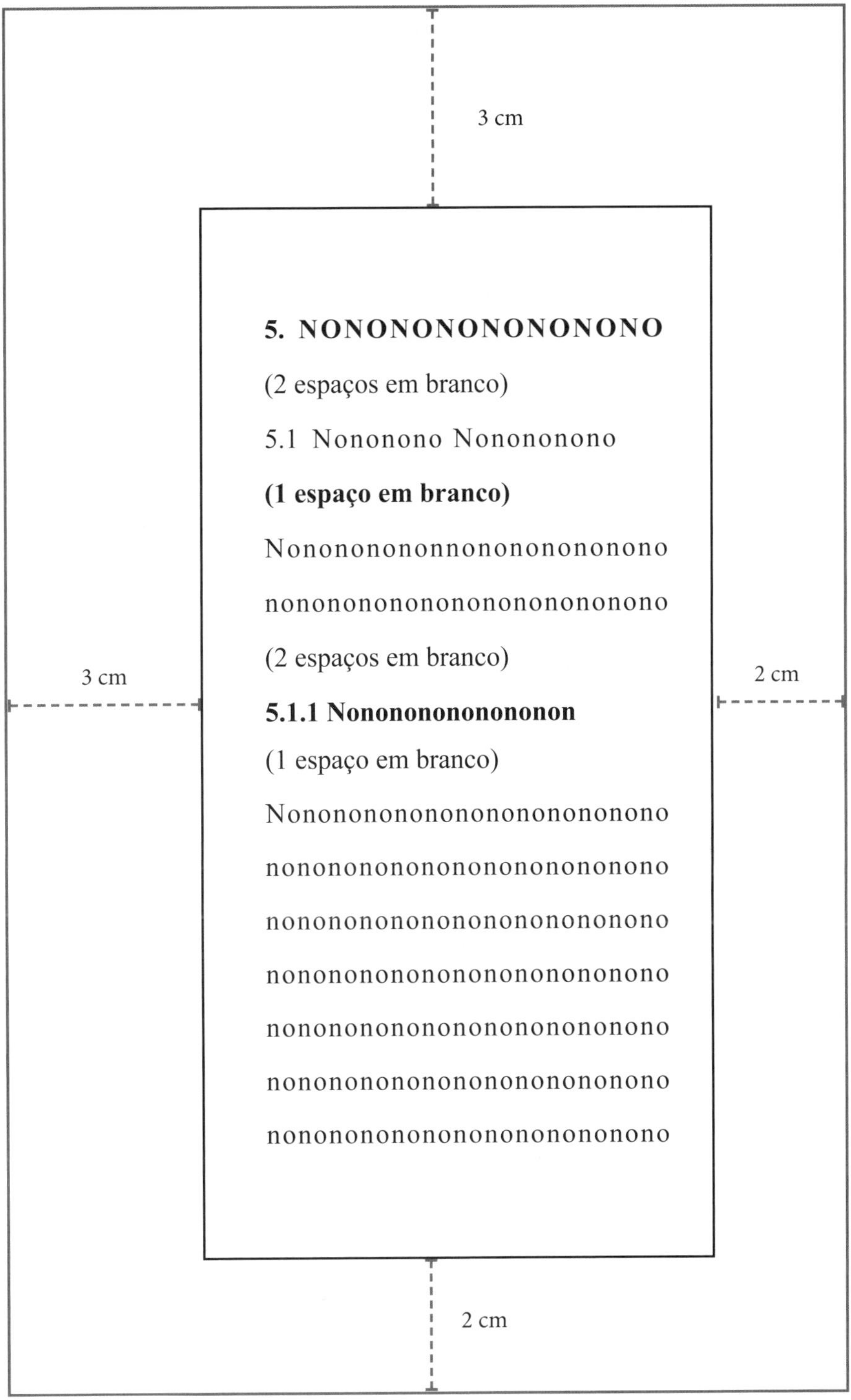
3 cm
5. NONONONONONONONO
(2 espaços em branco)
5.1 Nonono Nonononono
(1 espaço em branco)
Nonononononnononononono
nononononononononononono
(2 espaços em branco)
3 cm
2 cm
5.1.1 Nononononononon
(1 espaço em branco)
Nononononononononononono
nononononononononononono
nononononononononononono
nononononononononononono
nononononononononononono
nononononononononononono
nononononononononononono
2 cm

7.2.9 Numeração dos títulos

Atualmente, usa-se o algarismo arábico para numerar capítulos, itens e subitens.

Por exemplo:

3. O TIPO DE MONOGRAFIA
   3.1 Monografia de Compilação

É permitida a abertura de subitens (por exemplo: 3.2.1, 3.2.2, 3.2.3, 3.2.3.1, 3.2.3.2 etc.). A norma da ABNT indica o limite máximo da numeração até a seção ou subitem quinário. Apesar da permissão, entendemos que se deva terminar a série na seção quaternária para evitar divisões em excesso.

Exemplo da divisão quaternária:

3.2
3.2.1
3.2.1.1 (quatro algarismos)

Exemplo da divisão quinária:

3.2
3.2.1
3.2.1.1
3.2.1.1.1 (cinco algarismos)

Se o trabalho comportar várias subdivisões e existir necessidade de uma sexta subdivisão, deve-se recorrer a letras: a), b), c) etc.

Exemplo:

1. A CIÊNCIA DO DIREITO

1.1 A Ciência

1.1.1 Nononono

1.1.1.1 Nononono

1.1.1.1.1 Nononono

a) Nononono

De qualquer maneira deve-se evitar uma subdivisão maior do que as tratadas. É necessário um esforço de imaginação nesse sentido.

As entradas da numeração e dos títulos dos capítulos, dos itens e dos subitens são iguais às do sumário.

Além disso, no título dos capítulos usam-se maiúsculas. No título dos itens começa-se apenas com a primeira letra em maiúscula e as demais minúsculas (com exceção, claro, das palavras que devem iniciar em maiúsculas).

Se houver uma segunda e terceira subdivisão (p. ex.: 3.2 e 3.2.1), o título de cada divisão poderá ter um modelo e tamanho de letra diferente – existem várias opções (ver este detalhe no modelo do exemplo a seguir).

Vale lembrar que nos títulos, itens e subitens o formato e tamanho do corpo da letra podem ser diferentes da utilizada no texto da redação. As opções são muitas e a escolha pode ficar a critério do estudante ou do digitador profissional. O que não se pode esquecer é de que tanto no título do capítulo como em todos os itens e subitens o negrito se faz necessário para dar um destaque melhor.

Exemplos de tipos de letras mais utilizadas para títulos: *Arial*; *Avalon*; *Bahamas*; *France*; *Nebraska*.

7.2.10 Títulos dos itens e subitens

Os itens e subitens devem ter títulos?

Não necessariamente. Pode-se atribuir um número de subdivisão ao próprio parágrafo que a inicia. Por exemplo:

> 3.2.3 O artigo 30 do Código de Defesa do Consumidor estabelece que...

Contudo, dar títulos aos itens e subitens organiza as próprias ideias em relação ao assunto que está sendo tratado naquele trecho, bem como delimita sua extensão. E para o leitor fica mais fácil entender a organização do texto. Além disso, o título já antecipa o conteúdo, preparando o leitor e apresentando a continuidade do tema que estava sendo desenvolvido anteriormente.

7.2.11 Os rodapés

Conforme já dissemos (Capítulo 6 *retro*, subitem 6.3.6, especialmente 6.3.6.8), as notas de rodapé devem estar, como o próprio nome diz, no pé da folha.

Na redação do texto do rodapé, entra-se com o número da chamada e a seguir a redação com letra corpo 10 (se for o tipo *Times New Roman*, que já é pequeno, pode ser o corpo 11), mantendo-se o texto alinhado à esquerda, abaixo da primeira letra da primeira frase. Veja o exemplo no rodapé abaixo, bem como considere seu conteúdo[7].

Sobre a extensão das notas de rodapé, leia-se o Capítulo 6 *retro*, subitem 6.3.6.3.

---

7. O traço que separa o texto e o rodapé é feito automaticamente pelo *Redator de Texto*, assim como o número do respectivo rodapé (utilizando-se da forma automática), o que facilita a redação para o estudante. Na época da máquina de escrever, era necessário fazer o traço, que tem tamanho aproximado de 1/3 da linha.

7.2.12 Os parágrafos

Procure abrir parágrafos sempre que possível, mas nunca aleatoriamente. Evite períodos muito longos e, se tiver de utilizá-los, faça-o apenas poucas vezes. Releia os períodos longos e procure alternativas para abertura de parágrafos. O texto fica mais "arejado", mais agradável de ser lido.

7.2.13 As citações

Já tivemos oportunidade de abordar o tema das citações, suas funções, como elas devem ser feitas etc., no Capítulo 6 *retro*, subitem 6.3.4.

Cabe agora, aqui, tratarmos de seus aspectos gráficos.

Quando as citações forem feitas por paráfrases (*vide* Capítulo 6 *retro*, subitem 6.3.4.4), o texto não se altera, uma vez que a paráfrase é parte da argumentação.

Contudo, quando a citação é literal, isto é, *ipsis litteris* (*vide* Capítulo 6 *retro*, subitem 6.3.4.3), há duas formas de fazer:

a) As citações diretas, de até três linhas, são feitas no próprio texto entre aspas, com a mesma fonte e tamanho do corpo. E, como sempre, havendo aspas no texto citado, estas são indicadas na forma simples (').

Exemplo:

> Diz Luiz Edson Fachin que "a concepção de direito subjetivo admite uma variante clássica, que é o 'direito potestativo', que não se confunde com o direito personalíssimo".

b) As citações com mais de três linhas devem ser destacadas com recuo de 4 cm da margem esquerda, com fonte de menor tamanho que a do texto utilizado e sem aspas. A orientação de todas as linhas é à esquerda com a linha inicial[8].

Exemplo:

> Após citar a discussão doutrinária do tema, Walter Moraes afirma que:
>
> > Isto implica que não só a reprodução da imagem incide na tutela do direito, mas também, destacadamente, a posse do negativo que, não importando reprodução ou exposição, predispõe entretanto o fotógrafo à reprodução ou exposição.

- Quando o trecho a ser citado tem início e/ou fim "dentro" do parágrafo citado ou faz alusão à continuação de um pensamento anterior usam-se reticências dentro de parêntese.

Exemplo:

> Vejamos a posição de Nelson Nery Junior em relação a esse aspecto:
>
> > (...) é irrelevante a distinção clássica entre os recursos "ordinários" e os "extraordinários", conforme se dirijam contra a coisa julgada ("extraordinários") ou contra decisão ainda não transitada em julgado ("ordinários").

8. Conf. NBR 10.520, subitens 5.2 e 5.3.

- Quando as reticências estão já no trecho transcrito, elas entram sem o parêntese.
- Quando quiser sublinhar o trecho transcrito, escreva ao final da transcrição entre parênteses: "grifo nosso" ou "grifamos".

Exemplo:

> Vejamos a posição de Nelson Nery Junior em relação a esse aspecto:
>
> > (...) é <u>irrelevante</u> a distinção clássica entre os recursos "ordinários", e os "extraordinários", conforme se dirijam contra a coisa julgada ("extraordinários") ou contra decisão ainda não transitada em julgado ("ordinários") (grifamos).

- Se o trecho citado já está grifado, escreva ao final da transcrição, entre parênteses: "grifado no original".
- Se o grifo original do autor citado é feito em negrito ou itálico, copie o termo como está, em negrito ou itálico, e escreva ao final da transcrição, para evitar dúvidas, entre parênteses: "grifado no original".

No que tange às citações de normas jurídicas e decisões judiciais utilize-se das mesmas referências técnicas e gráficas aqui apontadas para as citações de obras.

7.2.14 O sublinhamento

Atualmente, com os redatores de texto dos micros há toda sorte de alternativas para sublinhar palavras e frases, não havendo motivo, pois, para não se lançar mão desses recursos.

Antes, com a máquina de escrever, o sublinhamento tinha de dar-se com maiúsculas (o que deixava o sublinhado estranho) ou usando mesmo a sublinha, isto é, uma linha traçada por baixo da palavra ou palavras.

Pode-se, assim, para sublinhar, usar o negrito, o itálico ou a sublinha. São usadas também as aspas (") como forma de sublinhamento.

Costuma-se, entre outros casos, sublinhar uma palavra ou expressão quando se quer chamar a atenção do leitor para aquele trecho ou para enfatizar um termo ou frase. Usa-se, também, para se referir a algum termo que está sendo usado de maneira inadequada ou pelo menos pouco adequada etc.

Use o sublinhamento com parcimônia, uma vez que, se esse meio de marcar o texto for muito utilizado, acaba esvaziando sua função.

7.2.15 As referências

Os aspectos técnicos e gráficos para feitura das referências bibliográficas, dadas suas peculiaridades, foram totalmente desenvolvidas no Capítulo 6 *retro*, item 6.6 e seus subitens, aos quais nos reportamos. Os aspectos gráficos estão indicados no subitem 6.6.3 e os técnicos, nos demais.

7.2.16 Numeração das folhas e dos rodapés

As folhas são numeradas em arábico, à direita, no canto superior. O verso não é considerado para fins de numeração, pois se conta a folha e não a página[9]. O tipo de letra utilizado deve ser o mesmo do

9. É comum confundir-se folha com página. Nos livros editados numeram-se páginas, pois se usam frente e verso da folha. Numa monografia numeram-se folhas, que são digitadas

trabalho e o tamanho do corpo também. Nesse caso, o recomendado é o 12 ou, se for usado o *Times New Roman*, o 14[10].

As folhas iniciais que entram antes da Introdução (folha de rosto, folha para a banca examinadora assinar, dedicatória, agradecimentos etc.) são contadas, mas não recebem numeração.

A numeração começa na Introdução, a partir do número encontrado após a contagem das folhas anteriores. Numera-se sequencialmente, até a última folha.

Quanto aos rodapés, consulte-se o Capítulo 6 *retro*, subitem 6.3.6.7.

apenas na frente, deixando-se o verso em branco. Assim, por exemplo, um livro tem 200 páginas e, logo, 100 folhas; uma monografia, 200 folhas.

10. Sobre tipo de letra e tamanho do corpo, ver subitem 7.2.8 *retro*.

8

A defesa do trabalho perante a banca

Vamos abordar aqui um tema esquecido pelos autores que tratam dos trabalhos científicos: o momento de sua defesa, que é crucial para o candidato.

Defender o trabalho elaborado perante uma banca de professores demanda, também, certa técnica. Algumas orientações podem e devem ser seguidas. Vejamos quais são elas.

8.1 DEVE-SE ESTUDAR A MONOGRAFIA?

A resposta é, por evidente, sim. O candidato tem de conhecer não só a própria monografia muito bem, como todo o material examinado e que deu sustentação para a sua elaboração.

Não estamos dizendo que se deva "decorar" o texto, até porque isso seria quase impossível e contraproducente, uma vez que as perguntas dos examinadores não se dirigirão necessariamente aos aspectos da redação, mas às ideias que ela representa e indica.

O estudante, é natural, será já um bom conhecedor de seu trabalho, na medida em que o elaborou passo a passo, escreveu e reescreveu, leu e releu criticamente, juntou partes, jogou outras fora, enfim, teve muitas oportunidades de assimilar o texto produzido, além do fato de ter sido seu autor.

De qualquer maneira, uma boa técnica de preparação para a arguição é a leitura pelo menos mais duas vezes do texto integral. A primeira leitura integral deve ser feita logo após a entrega ou depósito dos exemplares na escola. Depois se deve deixar o texto de lado, retomando-o detidamente na véspera da arguição (de um a três dias antes, dependendo da extensão do trabalho). Quem não tiver tempo fará apenas esta última leitura.

Se o prazo entre o depósito da monografia e a data da defesa for razoável, digamos, trinta dias, faça a primeira leitura logo após a entrega e descanse os dias seguintes até a próxima leitura. Relaxe nesse período.

Em cada leitura o texto deve ser lido como se fosse de outro autor. Ele deve ser grifado, riscado, dobrado etc., exatamente da mesma maneira como se aconselha que qualquer texto seja lido (siga as orientações dadas no Capítulo 5 *retro*, subitem 5.2.1).

8.2 A ERRATA

Nessas novas leituras fatalmente você acabará encontrando errinhos aqui e ali. Por mais que a revisão final para a entrega seja benfeita, alguma coisa sempre escapa. E na leitura da véspera da defesa, algum tempo depois, um pouco mais relaxado, acaba-se lendo o próprio texto como se fosse de uma terceira pessoa, o que ajuda a detectar erros não observados antes.

Anote as falhas. Se forem graves (p. ex., trechos pulados, erros de concordância, nomes de autores errados, frases sem sentido etc.), elabore uma errata apontando-as. Faça cópias para cada membro da banca e as entregue no dia da defesa, antes do início.

Coloca-se no alto da folha avulsa a ser entregue, ao centro, "errata". Coloca-se logo abaixo, ocupando toda a linha, o nome do autor, o título e subtítulo (se houver) em negrito, o ano do depósito, o número total de folhas, a titulação almejada, o nome da IES e da cidade e o ano da defesa.

Depois – usando-se tantas folhas quantas forem necessárias – entram as observações.

Exemplo:

Maria da Silva. **A publicidade enganosa das indústrias de cigarro**. 2013, 160 p. Monografia (Bacharelado em Direito). PUC/SP. São Paulo, 2013.

Se os erros descobertos não forem gritantes ou não ocasionarem problema insuperável na redação (p. ex., pequenas falhas de digitação), então não é preciso elaborar uma errata. Marque-os para você em folha separada e mantenha junto com a monografia, para mostrar que já os tinha detectado, caso os membros da banca apontem-nos.

8.3 A POSIÇÃO DO CANDIDATO

Em primeiro lugar é necessário que se perceba a total situação de desvantagem em que se encontra o candidato para defender sua monografia:

a) ele é, ainda, estudante, que com todas as dificuldades naturais acabou chegando ao ponto final de sua carreira no bacharelado: já obteve todos os créditos e conseguiu fazer a monografia; falta somente a defesa...;

b) diante de si tem o candidato um grupo de professores, conhecedores de seu mister e, por isso, capazes de avaliar completamente (forma e conteúdo) o trabalho apresentado;

c) como sempre (talvez pela última vez no bacharelado) o estudante está na posição de respondedor e dessa vez na defesa de algo que já produziu. (O perguntador sempre leva vantagem.)

Isso tudo vai exigir uma estratégia do candidato perante a banca. Será preciso que ele, além de conhecer a matéria, saiba portar-se, falar, responder etc. É o que veremos a seguir.

8.4 A POSTURA DO CANDIDATO

A defesa da monografia perante a banca é um ato formal e solene. Logo, você, candidato, deve agir tal qual o momento exige.

Apresente-se de forma asseada e tente demonstrar tranquilidade. Aja seriamente.

Dirija-se aos membros da banca sempre por "Vossa Excelência".

Pode acontecer de um ou mais membros da banca proporem um tratamento menos formal. Ainda que isso ocorra, continue na postura anterior: mantenha o tratamento de "Vossa Excelência".

É comum acontecer, tendo em vista o longo tempo de convivência com o orientador (e isso quando o estudante está na fase do doutorado é mais frequente), que o estudante acabe se tornando bastante próximo de seu orientador, adquirindo ampla liberdade de relacionamento, que, por isso, ganha muita espontaneidade. No momento da arguição na banca esse relacionamento mais próximo deve ser deixado de lado. Mantenha a postura solene e formal.

8.5 O QUE LEVAR NO DIA DA DEFESA

No dia da defesa você não pode esquecer, claro, a cópia da monografia que foi relida e grifada.

Leve, também, folhas de papel em branco e caneta para anotar as perguntas que terá de responder.

Você poderá levar, ainda, textos de leis às quais, eventualmente, seu trabalho se refere. Por exemplo, se o assunto é direito constitucional, leve o texto da Constituição Federal; se é processo civil, leve o Código de Processo Civil; se é direito do consumidor, leve o texto do Código de Defesa do Consumidor etc. Mas não exagere. Leve apenas o essencial e pouca coisa. Não se vai para a defesa carregado com a bibliografia.

8.6 A SAUDAÇÃO À BANCA

É de praxe, e aconselha-se que se faça, que o candidato, antes de responder às questões formuladas ou antes de expor seu trabalho (quando a banca permite ou determina), faça uma saudação aos membros da banca, agradecendo a presença deles ali no exame, conferindo uma deferência especial ao orientador.

8.7 AS RESPOSTAS

Como sempre, ao responder às questões, nunca tente "enrolar". Busque apresentar posições claras, de acordo com o conteúdo da monografia.

Se a pergunta for de difícil resposta e/ou se você não souber como responder, diga que é uma questão muito oportuna, de difícil solução e que merece uma investigação mais aprofundada que você irá fazer. A sinceridade nesse momento é importante. A "enrolação" dificilmente engana os membros da banca.

Se os erros apontados pelos membros da banca forem formais ou de digitação, aceite as críticas e diga que irá corrigi-los.

8.8 APONTAMENTOS SOBRE A AVALIAÇÃO

Sem ingressar a fundo na questão da avaliação, visto que não é o objetivo deste trabalho, mas como os aspectos formais do mesmo, estes sim, envolvem-no, queremos consignar o seguinte.

Apesar de todas as indicações que fazemos quanto a certas regras para a apresentação formal de um trabalho científico-acadêmico, é importante colocar-se que eventuais falhas formais não devem poder desnaturar a pesquisa realizada e o resultado apresentado.

A avaliação de uma monografia, ainda que se leve em conta o aspecto da apresentação, deve ter nessa a preocupação maior com a clareza da comunicação – que deve ser precisa e lógica –, com a construção dos argumentos postos no conteúdo do texto para a demonstração da pesquisa e dos resultados alcançados e, claro – este sim, aspecto formal relevante –, o respeito ao direito autoral dos autores estudados e citados.

Lembre-se que a arrumação formal de um texto pode ser feita por qualquer editora – nem todas o fazem –, mas escrever um bom texto e apresentar materialmente um bom trabalho não é para todos. Por isso, do nosso ponto de vista, parece-nos, a ênfase da avaliação deve ser no conteúdo (desde que, como dissemos, a forma não prejudique).

Mas cuidado, estudante: o inverso não é verdadeiro. Exatamente porque o aspecto formal serve mais para atrapalhar, é preciso que você siga à risca as orientações. Fazendo isso, você não sofrerá, de maneira alguma, qualquer entrave na sua avaliação, e, por certo, o texto ficará mais claro, lógico, preciso e agradável de ser lido.

Alguns examinadores reclamam do candidato que não leu, estudou certo autor e/ou obra nem o indicou na bibliografia e, às vezes – o que é pior –, passam a argui-lo exatamente a respeito das obras ou dos temas que não constam do trabalho. Muito embora se possa aceitar que haja uma expectativa de que o candidato pesquise determinados autores e obras na relação com o tema escolhido, tirando os erros gritantes de pesquisa que, por vezes, ocorrem, não existe, *a priori*, regra capaz de definir quais são tais obras e autores.

É verdade que se o tema do trabalho aborda o "Mito da Caverna" de Platão, isto deve estar presente na pesquisa e indicação bibliográfica. Mas, como escolher o melhor comentador de Platão? Quais são os critérios? Origem? Nacionalidade? Tradutor? Época? Sabe-se muito bem que autores desconsiderados numa época e/ou lugar podem passar a ser importantes em outra época e outro lugar. Então, por que, justamente no dia da banca ou no período da pesquisa elaborada pelo candidato, este deveria ter escolhido certo autor ou obra?

Nada impede que um trabalho de pesquisa possa estar perfeito tanto quanto ao método como ao conteúdo, sem que determinados autores e obras sejam considerados ou referidos.

A DISSERTAÇÃO DE MESTRADO *e a tese de doutorado*

Segunda Parte

1

Caráter monográfico do trabalho e sua distinção em relação à monografia de graduação

Já tivemos oportunidade de verificar (Capítulo 2 da 1ª Parte) que a designação de monografia diz respeito ao limite da investigação: mono = único. Ou seja, o trabalho monográfico deve ter por objeto um único assunto ou tema.

Iremos agora perceber que o estudante de pós-graduação, para atingir a meta da produção da dissertação ou da tese, passará praticamente pelas mesmas etapas que detalhamos nos capítulos da 1ª Parte deste livro, visando a elaboração do trabalho monográfico, indo desde a escolha do tema até a defesa perante a banca.

Claro que existem algumas diferenças que serão aqui tratadas. Contudo, pode-se desde já afirmar que o que diferencia a monografia de graduação da dissertação ou da tese não é tanto a forma, já que não existe motivo para que o aluno de graduação não se utilize dos mesmos critérios formais para elaboração do texto[1]. A diferença está na profundidade da investigação, no tempo gasto para sua elaboração, na extensão do trabalho apresentado. Quanto à tese de doutorado, acresça-se ainda o caráter de originalidade do tema, como exigência distintiva ímpar.

Outro dado de relevo que diferencia os estudantes em três graus – graduandos, mestrandos e doutorandos – é o nível de conhecimento adquirido e que se espera surja refletido na monografia, dissertação e tese.

Some-se a isso, também, a maturidade que tais estudantes, em cada um dos níveis, devem demonstrar na elaboração do trabalho e apresentação dos resultados.

São na verdade estágios diferentes, que pressupõem metas distintas. De um lado, na graduação busca-se mais uma formação profissional com base científica. De outro, na pós-graduação, pretende-se que o estudante adquira uma sólida formação acadêmica que o prepare para a produção científica e para o magistério. Logo, uma formação científico-acadêmica. Essa formação, via de regra, faz-se em dois estágios: o primeiro no mestrado e o segundo no doutorado.

O ápice, portanto, desse desenvolvimento de formação do estudante se dá com a entrega da tese de doutoramento e sua defesa perante a banca. Nesse momento todo o rigor da avaliação é necessário.

Não que na dissertação de mestrado não haja uma firme avaliação do trabalho elaborado e de sua defesa perante a banca. É que no sistema do mestrado, em algumas escolas, a banca, ao examinar o mestrando, confere nota pela defesa da dissertação, bem como avalia as condições do candidato em termos de estágio atual de maturidade

1. A banca examinadora de graduação, por certo, levará em consideração o estágio em que o bacharelando se encontra.

e formação para que ele possa já, a partir daquele momento, elaborar a tese de doutorado. Isso se dá na base da concessão de créditos parciais, totais ou nenhum para a fase seguinte, a do doutorado. Logo, na defesa da tese de doutorado, supõe-se que todo o ciclo está completo, e por isso não se admite nenhuma falha. Assim, todo cuidado é pouco.

Nos próximos itens voltaremos ao assunto, mas consigne-se desde já que a necessidade do extremo cuidado que estamos apontando não significa por si só que o doutorando não deva assumir riscos. Não. Muito pelo contrário. A assunção de certos riscos, o exame corajoso de posições diferentes das já abordadas ou de vanguarda são desejáveis, até porque o mínimo que se exige do doutorando é exatamente, como se verá, a originalidade.

2

A relação orientador/aluno

Quando o estudante atinge o ponto de elaboração da dissertação ou tese (o que se dá, também, de forma similar na graduação), pressupõe-se que ele tenha auferido conhecimento suficiente para desempenhar esse intento da feitura do trabalho.

Acredita-se, então, que o estudante está apto a prosseguir. Isto porque seus estudos anteriores, na aquisição dos créditos[1], possibilitaram esse aprendizado. Estudos esses advindos das aulas expositivas por ele assistidas, da participação em seminários e em grupos de estudos, das pesquisas elaboradas, das provas feitas e das monografias de avaliação entregues, das aulas proferidas etc. Isso tudo de

1. No caso da tese, caso a banca dê ao candidato, no momento da avaliação da dissertação, os créditos para o doutorado, ela o faz porque também acredita que o examinando está pronto.

forma ativa e, em larga medida, autônoma, uma vez que já se sabe que, no processo de aprendizado, ainda que o professor ensine, é o aluno que aprende.

Tal perspectiva vai refletir-se, então, na relação que se estabelece entre orientando e orientador.

Com efeito, é fato que o orientador é, como o próprio nome diz, aquele que aponta os caminhos que o estudante deve trilhar para atingir sua missão. E, claro, o orientador fará tal indicação acompanhando o trabalho do estudante desde o momento da escolha do tema até a redação final. Para esse fim, ele esclarecerá dúvidas de método, forma e conteúdo; poderá determinar a realização de pesquisas, de leituras específicas, do desenvolvimento de certas atividades acadêmicas etc.; fixará metas e cobrará resultados. Tudo visando o satisfatório desenvolvimento dos trabalhos.

Contudo, cabe ao estudante obter do orientador as respostas que busca. A escolha do tema, a elaboração da pesquisa, o exame das obras, a redação do texto etc. são incumbências do orientando, com autonomia. Por isso é dele a responsabilidade de conseguir do orientador aquilo que está precisando. O estudante precisa saber perguntar. Quanto mais bem-feita for a formulação das questões ao orientador, tanto melhores serão as respostas obtidas e bem assim o resultado do trabalho.

Com isso, percebe-se, então, a verdadeira dialética estabelecida entre orientador e orientando: a realização do trabalho se dará em conjunto, com orientação e acompanhamento do orientador e com um progresso propiciado por iniciativa do orientando.

Isso vale tanto para o mestrado quanto para o doutorado, mas é claro que neste último pressupõe-se que o grau da autonomia do estudante seja ainda mais elevado. O doutorando deve ter total liberdade de pesquisa e produção do texto. E por óbvio saberá (tem de saber) formular as perguntas certas ao seu orientador.

3

A elaboração da dissertação e da tese

Para elaboração da dissertação e da tese, você, mestrando ou doutorando, deve seguir as mesmas orientações dispostas neste livro na 1ª Parte, a partir do Capítulo 2 até o Capítulo 8, além das que são apresentadas nesta 2ª Parte, com suas especificidades.

Como já se pôde notar, de nossa parte resolvemos estabelecer um manual, passo a passo, de como se deve produzir uma monografia.

Para elaborar este trabalho, envolvendo a monografia no nível de graduação e no de pós-graduação, tínhamos duas alternativas:

a) estabelecer um roteiro para o bacharelando e outro para o pós-graduando;

b) estabelecer primeiramente um roteiro para o bacharelando, mas já incorporando eventuais diferenças que existam em relação ao trabalho a ser elaborado pelo pós-graduando e guardando uma 2ª Parte, menor, para tratar apenas das questões específicas do pós.

A primeira alternativa faria com que o livro apenas tivesse mais folhas, uma vez que a parte do pós, em larga medida, seria mera repetição da 1ª Parte. Por isso, optamos pela alternativa b.

Assim, verifique-se que na 1ª Parte do livro, apesar de nos referirmos várias vezes ao aluno de graduação, o que procuramos transmitir ao leitor foi um roteiro pormenorizado para a elaboração de qualquer trabalho monográfico nos dois níveis (graduação e pós).

Quando sentimos necessidade de explicitar as diferenças existentes nos dois diferentes estágios, fizemo-lo de modo a deixar patente do que se tratava.

De maneira que você, seja mestrando ou doutorando, encontrará na leitura daqueles capítulos da 1ª Parte todo o material e as indicações necessárias para a produção de sua dissertação ou tese.

Podemos, inclusive, desde já apontar até uma vantagem nessa opção e que o texto apresenta. Como íamos nos comunicar primeiramente com alunos que estão ainda na fase de formação acadêmica do bacharelado, procuramos nos utilizar de uma linguagem bastante acessível e detalhamos ao máximo as várias técnicas para pesquisa, leitura, fichamento, redação etc., além da escolha do tema e até da defesa perante a banca. Tudo com muitos exemplos.

Como dissemos, você, mestrando ou doutorando, deve seguir as orientações da 1ª Parte, mas, também, as que aqui nesta 2ª Parte se apresentam.

4

Aspectos da dissertação

Quando apontamos no Capítulo 1 *retro* algumas diferenças existentes entre o mestrando e o doutorando na produção da monografia e na avaliação que os membros da banca fazem, não quisemos dizer que a dissertação não deve ser produzida de forma rigorosa e no nível em que ela se enquadra, qual seja, a do elevado estágio da pós-graduação.

Apontávamos apenas o fato de que era possível que o estudante do mestrado ainda não tivesse atingido o mesmo patamar do estudante do doutorado. Mas só isso. De resto, exige-se dele rigor metodológico na elaboração do trabalho, esforço de pesquisa, demonstração de forte conhecimento, além de capacidade de redação, comunicação e defesa de alto nível.

Assim, em ambos os casos, as exigências acadêmicas são praticamente as mesmas. As diferenças estão relacionadas à constatação do fato de que a formação do doutorando há de ser a mais completa possível; além disso, o tema da tese tem de ser original (ver próximo item).

A par disso, há algumas diferenças que não envolvem necessariamente a monografia, tal como, por exemplo, o conhecimento de duas línguas estrangeiras pelo doutorando, enquanto do mestrando se exige apenas uma. Outra diferença específica diz respeito à aferição do candidato ao título de mestre no momento da defesa. Conforme já dissemos, em algumas instituições, naquela oportunidade, os membros da banca fazem duas avaliações:

a) a relativa à dissertação e sua defesa;

b) a relativa à formação do estudante, visando averiguar se, uma vez adquirido o título de mestre, ele poderá, ato contínuo, passar para a fase de orientação, pesquisa e elaboração da tese de doutorado, independentemente da realização de outros créditos ou aquisição de mais conhecimento.

Assim, após a defesa, a banca examinadora confere as notas ao candidato, que, se aprovado, recebe o título de mestre. Além disso, os membros da banca examinadora, averiguando sua aptidão, conferem-lhe todos ou alguns créditos para o doutorado. Ou não lhe conferem nenhum. É a medida da concessão desses créditos que irá dizer se o agora já mestre está ou não preparado para iniciar de imediato a orientação e elaboração da tese de doutorado.

Se não receber créditos ou os receber apenas parcialmente, terá de, antes de elaborar a tese, obtê-los na escola.

Para a defesa da dissertação, o candidato a mestre terá ainda de preencher alguns requisitos e se submeterá à banca, também composta com certos requisitos. A seguir expomos o que se exige, via de regra. Contudo, como pode existir alguma variação dessas exigências de escola para escola, aconselha-se que o estudante cheque as condições naquela onde ele apresentará e defenderá sua dissertação[1].

1. Como, por exemplo, crédito de período de orientação, aprovação em exame de qualificação, cumprimento de prazos mínimos e máximos para a defesa etc.

Haverá requisitos formais para que a defesa ocorra, como o preenchimento de requerimento dirigido ao coordenador do programa, além do parecer do orientador indicando que a dissertação é apta para ser levada a defesa. É necessário, também, que o candidato faça o depósito dos exemplares da dissertação, cujo número deve ser checado em cada instituição.

A banca examinadora é composta de três membros, todos portadores de, pelo menos, título de doutor, sendo que um deles será o orientador. Convoca-se, também, um suplente com a mesma titulação.

A você, mestrando, aconselha-se que, antes de sua própria defesa, assista a outras, para ir conhecendo o ambiente da instituição em que irá defender sua dissertação. Chamamos, também, a atenção para a leitura do Capítulo 8 *retro* (1ª Parte do livro), que deve ser seguido à risca.

5

Aspectos exclusivos da tese

A mais específica exigência que se faz ao doutorando é a de que o tema de sua tese seja efetivamente original.

Essa ideia de "originalidade", regra geral, assusta os doutorandos, já que aparentemente nem sempre é fácil descobrir um tema realmente original.

Com efeito, no que consiste o caráter de originalidade do tema a ser abordado?

De fato, ainda que inicialmente possa assustar o candidato, a exigência de originalidade é requisito essencial na tese.

Original, como o próprio nome diz, é aquilo que vem da origem, que é inicial, primordial, primitivo, inédito, novo. O original tem caracteres peculiares, singulares.

Claro que, então, o estudante terá de buscar um tema que ainda não tenha sido explorado ou que, tendo sido, desta feita o será de maneira inédita.

É preciso reforçar esse aspecto: o caráter de originalidade é ponto central na tese. Ela poderá ser rejeitada, caso se descubra que não tenha essa característica.

Por isso, é preciso muito cuidado. A pesquisa bibliográfica será a companheira ideal no que se refere a esse aspecto. A escolha do tema terá de ser acompanhada de extensa pesquisa bibliográfica para se ter certeza da originalidade.

Assim, seguindo os passos traçados neste manual, você deverá ler os capítulos e itens que tratam dos aspectos da escolha do tema, do tipo de monografia, da pesquisa bibliográfica etc., porém acrescendo esse aspecto da originalidade e enfatizando o necessário trabalho de pesquisa bibliográfica.

O orientador, por certo, será fonte importante para a fixação do tema na busca da originalidade. Contudo, nenhum orientador é obrigado a conhecer todos os trabalhos já escritos sobre todos os assuntos. Disso decorre que a responsabilidade pela originalidade do tema é, antes, do estudante.

Realce-se a importância da pesquisa bibliográfica, pois é ela a única capaz de deixar o estudante tranquilo e seguro da inexistência de trabalho anterior sobre o tema escolhido. Imagine o prejuízo caso se descubra, às vésperas da defesa, que o trabalho não se reveste de originalidade. Ou, pior, se é um membro da banca que descobre e só apresenta o problema no ato da defesa.

Por isso, quanto a esse aspecto, o doutorando não pode correr riscos.

Na questão de outras diferenças existentes em relação à dissertação e à tese para a elaboração e defesa, observe-se aquilo que já apontamos no Capítulo 4 *supra*. Ressalte-se a exigência do conhecimento de duas línguas estrangeiras e a obtenção de créditos anteriores à elaboração da tese, conforme previsto no regimento do Programa.

Para poder apresentar e defender sua tese, o candidato a doutor, da mesma maneira que no mestrado, conforme já tivemos oportunidade de dizer, terá ainda de preencher algumas condições. Submeter-se-á, também, a uma banca composta a partir de certos requisitos.

A seguir apresentaremos o que normalmente se exige. Contudo, como pode existir alguma variação dessas exigências de escola para escola, aconselha-se que o estudante cheque os requisitos na instituição na qual apresentará e defenderá sua tese[1].

Haverá requisitos formais para que a defesa ocorra, tais como preenchimento de requerimento dirigido ao coordenador do programa, além do parecer favorável do orientador. É necessário, também, que o candidato faça o depósito dos exemplares da tese de doutorado, cujo número deve ser checado em cada escola.

A banca examinadora é composta de cinco membros, todos portadores de, pelo menos, título de doutor, sendo que um deles será o orientador.

A você, doutorando, aconselha-se que, apesar da experiência já obtida quando da defesa da dissertação, ainda assim, antes de sua própria defesa de tese, assista a outras, ficando bem atento ao ambiente. Chamamos, também, atenção para a leitura do Capítulo 8 *retro* (1ª Parte do livro), cujo conteúdo deve ser seguido à risca.

1. Pode-se exigir, por exemplo, a obtenção de crédito de período da orientação, aprovação em exame de qualificação, cumprimento de prazos para a defesa etc.

6

Aspectos gráficos da dissertação e da tese

A dissertação e a tese têm a seguinte disposição geral:

- Capa
- Lombada
- Folha de rosto
- Folha para a banca examinadora assinar
- Dedicatória
- Agradecimentos
- Resumos
- Sumário
- Introdução
- Capítulos (desenvolvimento)
- Conclusão
- Referências
- Anexo

6.1 CAPA, FOLHA DE ROSTO, ENCADERNAÇÃO ETC.

Todos os aspectos gráficos e técnicos da redação já abordados para a monografia em geral devem ser observados pelo mestrando e pelo doutorando (ver os capítulos e itens específicos, especialmente Capítulos 6 e 7 da 1ª Parte).

As diferenças específicas no caso da tese estão relacionadas ao resumo e folha para assinatura da banca examinadora (ver itens 6.3 e 6.4 *infra*).

As encadernações da dissertação e da tese serão feitas obrigatoriamente em brochura revestida em cartolina plastificada ou capa dura em percalux, no que respeita aos volumes a serem arquivados na biblioteca da instituição (consultar subitem 7.2.1 da 1ª Parte, *retro*, para obter mais dados sobre encadernação).

A capa e a folha de rosto têm também, em ambos os casos, diferenças a serem observadas.

Com efeito, na capa, abaixo do título, deverá constar "Mestrado em Direito" ou "Doutorado em Direito", conforme o caso. Na folha de rosto, é necessária a adaptação da função da monografia, isto é, da exigência parcial para obtenção do título de mestre ou de doutor em direito, indicando, quando for o caso, entre parênteses, a área de concentração.

Vejamos os exemplos:

Capa[2]

ANTONIO DA SILVA

A PUBLICIDADE ABUSIVA DAS INDÚSTRIAS DE MEDICAMENTOS

DOUTORADO EM DIREITO

PUC/SÃO PAULO[124]
2013

2. É preciso consultar a escola quanto à forma de colocação do nome, pois algumas exigem-no por extenso e outras, abreviado.

Folha de rosto

ANTONIO DA SILVA

A PUBLICIDADE ABUSIVA DAS INDÚSTRIAS DE MEDICAMENTOS

Tese apresentada à banca examinadora da Pontifícia Universidade Católica de São Paulo, como exigência parcial para obtenção do título de Doutor em Direito (Direito das Relações Sociais), sob orientação do professor doutor Nelson Nery Junior.

SÃO PAULO
2013

6.2 A FICHA CATALOGRÁFICA

Do mesmo modo que para o bacharelado, normalmente a ficha catalográfica é elaborada pela bibliotecária da escola, após o texto definitivo estar pronto. Vejam-se dois exemplos de ficha catalográfica no capítulo 7, subitem 7.2.4.2.

6.3 O RESUMO

Quanto às técnicas e também regras para elaboração do resumo, consultar o capítulo 7, subitem 7.2.6.2.

A diferença em relação ao doutorado é que se pede que o resumo seja também feito em duas línguas estrangeiras (no bacharelado e no mestrado é uma só).

6.4 ASSINATURA DOS MEMBROS DA BANCA

Quanto à folha contendo espaço para que os membros da banca assinem a monografia original, o doutorando não pode esquecer que em caso de tese são cinco os examinadores e as linhas. Na monografia do bacharelado e na dissertação são apenas três.

Folha para banca examinadora
(mestrado)

MARIA DA SILVA

A PUBLICIDADE ENGANOSA DAS INDÚSTRIAS DE CIGARRO

MESTRADO EM DIREITO

Data: __/__/____
Banca Examinadora

____
Nome:
IES:

____
Nome:
IES:

____
Nome:
IES:

PUC/SÃO PAULO
2013

Folha para banca examinadora (doutorado)

MARIA DA SILVA

A PUBLICIDADE ENGANOSA DAS INDÚSTRIAS DE CIGARRO

DOUTORADO EM DIREITO

Data: __/__/____

Banca Examinadora

____

Nome:

IES:

____

Nome:

IES:

____

Nome:

IES:

____

Nome:

IES:

____

Nome:

IES:

PUC/SÃO PAULO

2013

7

A defesa perante a banca

As orientações para o candidato no que tange ao momento da defesa, a preparação prévia, o uso de errata, a maneira de se portar, a postura etc., são as mesmas já indicadas no Capítulo 8 da 1ª Parte deste manual. O mestrando e o doutorando devem, portanto, levar em conta aquelas considerações.

Mas vale aqui um reforço ao que já foi dito: tanto na defesa da dissertação quanto na defesa da tese, exigem-se rigor e formalismo exemplares. O estudante deve preocupar-se com esse aspecto e levá-lo a sério, uma vez que, supõe-se, naquele nível a excelência é o prato do dia.

Referências

ABNT – Associação Brasileira de Normas Técnicas – NBR 6023:2002, NBR 6024:2012, NBR 6027:2012, NBR 6028:2003, NBR 6034:2004, NBR 10520:2002, NBR 14724:2011, NBR 15287:2011.

ADEODATO, João Maurício. **Bases para uma metodologia da pesquisa em Direito**. In: http://www.saraivajur.com.br/doutrina. Acesso em 18-7-2002.

BERNI, Duilio de Avila (coord.). **Técnicas da pesquisa em economia**. São Paulo: Saraiva, 2002.

CARRIÓ, Genaro R. **Notas sobre derecho y lenguage**. Buenos Aires: Abeledo-Perrot, 1972.

ECO, Umberto. **Como se faz uma tese**. 14ª ed. Trad. Gilson Cesar Cardoso de Souza. São Paulo: Perspectiva, 1996.

FACHIN, Odília. **Fundamentos de metodologia**. 3ª ed., São Paulo: Saraiva, 2002.

FERREIRA SOBRINHO, José Wilson. **Pesquisa em direito e redação de monografia jurídica**. Porto Alegre: Sérgio A. Fabris, Editor, 1997.

GOMES, Lúcia Helena Andrade. **Como preparar sua monografia jurídica**. 2ª ed. rev. e atual., Jundiaí: Literarte, 2000.

JAFNER, José; BRANCHER, Almerindo; JAFNER, Malcon A. **Metodologia científica**. Curitiba: Juruá, 1995.

LEITE, Eduardo de Oliveira. **Monografia jurídica**. 3ª ed. rev., São Paulo: Revista dos Tribunais, 1997.

MACEDO, Silvio de. **Curso de lógica jurídica**. Rio de Janeiro: Forense, 1984.

MATTAR NETO, João Augusto. **Metodologia científica na era da informática**. São Paulo: Saraiva, 2002.

MELO FILHO, Álvaro. **Metodologia do ensino jurídico**. 2ª ed., Rio de Janeiro: Forense, 1979.

----. **Reflexões sobre o ensino jurídico**. Rio de Janeiro: Forense, 1986.

MEZZAROBA, Orides; Monteiro, Cláudia Servilha. **Manual de metodologia da pesquisa no direito**. 2ª ed., São Paulo: Saraiva, 2004.

MONTORO, André Franco. **Estudos de filosofia do direito**. 2ª ed., São Paulo: Saraiva, 1995.

----. **Dados preliminares de lógica jurídica**. Apostila do Curso de Pós-Graduação em Direito. São Paulo: PUC, 1995.

----. **Objetivos e métodos no ensino do direito**. Brasília: Senado Federal, 1975.

NASCIMENTO, Edmundo Dantés. **Lógica aplicada à advocacia: técnica de persuasão**. 2ª ed. rev. e ampl., São Paulo: Saraiva, 1987.

PASOLD, Cesar Luiz. **Prática da pesquisa jurídica: ideias e ferramentas úteis para o pesquisador do direito**. 3ª ed. atual. e ampl., Florianópolis: OAB/SC Editora, 1999.

SEVERINO, Antonio Joaquim. **Metodologia do trabalho científico**. 20ª ed., São Paulo: Cortez, 1997.

Apêndice

1

Resolução CNE/CES n. 9, de 29 de setembro de 2004[1]

Institui as Diretrizes Curriculares Nacionais do Curso de Graduação em Direito e dá outras providências.

O Presidente da Câmara de Educação Superior do Conselho Nacional de Educação, no uso de suas atribuições legais, com fundamento no art. 9º, § 2º, alínea "c", da Lei n. 4.024, de 20 de dezembro de 1961, com a redação dada pela Lei n. 9.131, de 25 de novembro de 1995, tendo em vista as diretrizes e os princípios fixados pelos Pareceres CES/CNE n. 776/97, 583/2001 e 100/2002, e as Diretrizes Curriculares Nacionais elaboradas pela Comissão de Especialistas de Ensino de Direito, propostas ao CNE pela SESu/MEC, considerando o que consta do Parecer CES/CNE 55/2004, de 18-2-2004, reconsiderado pelo Parecer CNE/CES 211, aprovado em 8-7-2004, homologado pelo Senhor Ministro de Estado da Educação em 23 de setembro de 2004, resolve:

Art. 1º A presente Resolução institui as Diretrizes Curriculares do Curso de Graduação em Direito, Bacharelado, a serem observadas pelas Instituições de Educação Superior em sua organização curricular.

1. Conselho Nacional de Educação. Resolução CNE/CES n. 9/2004. *Diário Oficial da União*, Brasília, 1º de outubro de 2004, Seção 1, p. 17. Alterada pela Resolução CNE/CES n. 3, de 14 de julho de 2017.

Art. 2º A organização do Curso de Graduação em Direito, observadas as Diretrizes Curriculares Nacionais se expressa através do seu projeto pedagógico, abrangendo o perfil do formando, as competências e habilidades, os conteúdos curriculares, o estágio curricular supervisionado, as atividades complementares, o sistema de avaliação, o trabalho de curso como componente curricular obrigatório do curso, o regime acadêmico de oferta, a duração do curso, sem prejuízo de outros aspectos que tornem consistente o referido projeto pedagógico.

§ 1º O Projeto Pedagógico do curso, além da clara concepção do curso de Direito, com suas peculiaridades, seu currículo pleno e sua operacionalização, abrangerá, sem prejuízo de outros, os seguintes elementos estruturais:

I – concepção e objetivos gerais do curso, contextualizados em relação às suas inserções institucional, política, geográfica e social;

II – condições objetivas de oferta e a vocação do curso;

III – cargas horárias das atividades didáticas e da integralização do curso;

IV – formas de realização da interdisciplinaridade;

V – modos de integração entre teoria e prática;

VI – formas de avaliação do ensino e da aprendizagem;

VII – modos da integração entre graduação e pós-graduação, quando houver;

VIII – incentivo à pesquisa e à extensão, como necessário prolongamento da atividade de ensino e como instrumento para a iniciação científica;

IX – concepção e composição das atividades de estágio curricular supervisionado, suas diferentes formas e condições de realização, bem como a forma de implantação e a estrutura do Núcleo de Prática Jurídica;

X – concepção e composição das atividades complementares; e,

XI – inclusão obrigatória do Trabalho de Curso.

§ 2º Com base no princípio de educação continuada, as IES poderão incluir no Projeto Pedagógico do curso, oferta de cursos de pós-graduação *lato sensu*, nas respectivas modalidades, de acordo com as efetivas demandas do desempenho profissional.

Art. 3º O curso de graduação em Direito deverá assegurar, no perfil do graduando, sólida formação geral, humanística e axiológica, capacidades de análise, domínio de conceitos e da terminologia jurídica, adequada argumentação, interpretação e valorização dos fenômenos jurídicos e sociais, aliada a uma postura reflexiva e de visão crítica que fomente a capacidade e a aptidão para a aprendizagem autônoma e dinâmica, indispensável ao exercício da Ciência do Direito, da prestação da justiça e do desenvolvimento da cidadania.

Art. 4º O curso de graduação em Direito deverá possibilitar a formação profissional que revele, pelo menos, as seguintes habilidades e competências:

I - leitura, compreensão e elaboração de textos, atos e documentos jurídicos ou normativos, com a devida utilização das normas técnico-jurídicas;

II - interpretação e aplicação do Direito;

III - pesquisa e utilização da legislação, da jurisprudência, da doutrina e de outras fontes do Direito;

IV - adequada atuação técnico-jurídica, em diferentes instâncias, administrativas ou judiciais, com a devida utilização de processos, atos e procedimentos;

V - correta utilização da terminologia jurídica ou da Ciência do Direito;

VI - utilização de raciocínio jurídico, de argumentação, de persuasão e de reflexão crítica;

VII - julgamento e tomada de decisões; e,

VIII - domínio de tecnologias e métodos para permanente compreensão e aplicação do Direito.

Art. 5º O curso de graduação em Direito deverá contemplar, em seu Projeto Pedagógico e em sua Organização Curricular, conteúdos e atividades que atendam aos seguintes eixos interligados de formação:

I - Eixo de Formação Fundamental, tem por objetivo integrar o estudante no campo, estabelecendo as relações do Direito com outras áreas do saber, abrangendo dentre outros, estudos que envolvam conteúdos essenciais sobre Antropologia, Ciência Política, Economia, Ética, Filosofia, História, Psicologia e Sociologia;

II - Eixo de Formação Profissional, abrangendo, além do enfoque dogmático, o conhecimento e a aplicação, observadas as peculiaridades dos diversos ramos do Direito, de qualquer natureza, estudados sistematicamente e contextualizados segundo a evolução da Ciência do Direito e sua aplicação às mudanças sociais, econômicas, políticas e culturais do Brasil e suas relações internacionais, incluindo-se necessariamente, dentre outros condizentes com o projeto pedagógico, conteúdos essenciais sobre Direito Constitucional, Direito Administrativo, Direito Tributário, Direito Penal, Direito Civil, Direito Empresarial, Direito do Trabalho, Direito Internacional e Direito Processual; e

III – Eixo de Formação Prática, objetiva a integração entre a prática e os conteúdos teóricos desenvolvidos nos demais Eixos, especialmente nas atividades relacionadas com o Estágio Curricular Supervisionado, Trabalho de Curso e Atividades Complementares.

Art. 6º A organização curricular do curso de graduação em Direito estabelecerá expressamente as condições para a sua efetiva conclusão e integralização curricular de acordo com o regime acadêmico que as Instituições de Educação Superior adotarem: regime seriado anual; regime seriado semestral; sistema de créditos com matrícula por disciplina ou por módulos acadêmicos, com a adoção de pré-requisitos, atendido o disposto nesta Resolução.

Art. 7º O Estágio Supervisionado é componente curricular obrigatório, indispensável à consolidação dos desempenhos profissionais desejados, inerentes ao perfil do formando, devendo cada instituição, por seus colegiados próprios, aprovar o correspondente regulamento, com suas diferentes modalidades de operacionalização.

§ 1º O estágio de que trata esse artigo poderá ser realizado:

I – na própria Instituição de Educação Superior, por meio do seu Núcleo de Prática Jurídica, que deverá estar estruturado e operacionalizado de acordo com regulamentação própria, aprovada pelo seu órgão colegiado competente, podendo ser celebrado convênio com a Defensoria Pública para prestação de assistência jurídica suplementar;

II – em serviços de assistência jurídica de responsabilidade da Instituição de Educação Superior por ela organizados, desenvolvidos e implantados;

III – nos órgãos do Poder Judiciário, do Ministério Público, da Defensoria Pública e das Procuradorias e demais Departamentos Jurídicos Oficiais;

IV – em escritórios e serviços de advocacia e consultorias jurídicas.

§ 2º As atividades de Estágio Supervisionado poderão ser reprogramadas e reorientadas em função do aprendizado teórico-prático gradualmente demonstrado pelo aluno, na forma definida na regulamentação do Núcleo de Prática Jurídica, até que se possa considerá-lo concluído, resguardando, como padrão de qualidade, os domínios indispensáveis ao exercício das diversas carreiras contempladas pela formação jurídica[2].

2. Redação dada pela Resolução CNE/CES n. 3, de 14-7-2017.

Art. 8º As atividades complementares são componentes curriculares enriquecedores e complementadores do perfil do formando, possibilitam o reconhecimento, por avaliação de habilidades, conhecimento e competência do aluno, inclusive adquirida fora do ambiente acadêmico, incluindo a prática de estudos e atividades independentes, transversais, opcionais, de interdisciplinaridade, especialmente nas relações com o mercado do trabalho e com as ações de extensão junto à comunidade.

Parágrafo único. A realização de atividades complementares não se confunde com a do Estágio Supervisionado ou com a do Trabalho de Curso.

Art. 9º As Instituições de Educação Superior deverão adotar formas específicas e alternativas de avaliação, interna e externa, sistemáticas, envolvendo todos quantos se contenham no processo do curso, centradas em aspectos considerados fundamentais para a identificação do perfil do formando.

Parágrafo único. Os planos de ensino, a serem fornecidos aos alunos antes do início de cada período letivo, deverão conter, além dos conteúdos e das atividades, a metodologia do processo de ensino-aprendizagem, os critérios de avaliação a que serão submetidos e a bibliografia básica.

Art. 10. O Trabalho de Curso é componente curricular obrigatório, desenvolvido individualmente, com conteúdo a ser fixado pelas Instituições de Educação Superior em função de seus Projetos Pedagógicos.

Parágrafo único. As IES deverão emitir regulamentação própria aprovada por Conselho competente, contendo necessariamente, critérios, procedimentos e mecanismos de avaliação, além das diretrizes técnicas relacionadas com a sua elaboração.

Art. 11. A duração e carga horária dos cursos de graduação serão estabelecidas em Resolução da Câmara de Educação Superior.

Art. 12. As Diretrizes Curriculares Nacionais desta Resolução deverão ser implantadas pelas Instituições de Educação Superior, obrigatoriamente, no prazo máximo de dois anos, aos alunos ingressantes, a partir da publicação desta.

Parágrafo único. As IES poderão optar pela aplicação das DCN aos demais alunos no período ou ano subsequente à publicação desta.

Art. 13. Esta Resolução entrará em vigor na data de sua publicação, ficando revogada a Portaria Ministerial n. 1.886, de 30 de dezembro de 1994 e demais disposições em contrário.

Edson de Oliveira Nunes,
Presidente da Câmara de Educação Superior.

2

Abreviaturas

Segue a lista de abreviaturas normalmente utilizadas na área jurídica e nas monografias jurídicas, bem como no presente livro.

A

A.	autor (da ação judicial)
AA.	autores (da ação judicial)
AA.VV.	autores vários
a.C.	antes de Cristo
ac.	acórdão
AC	apelação cível
ACOr	ação cível originária
ACP	ação civil pública
ADC	ação direta de constitucionalidade
ADCT	ato das disposições constitucionais transitórias
ADI	ação declaratória incidental
ADIn	ação direta de inconstitucionalidade
Ag	agravo de instrumento

AgPt	agravo de petição
AgRg	agravo regimental
AgRt	agravo retido
AGU	advogado-geral da União; advocacia-geral da União
AI	ato institucional
amp.	ampliado(a)
AMS	apelação em mandado de segurança
Ap	apelação
APn	ação penal
AR	ação rescisória
art.	artigo
aum.	aumentado(a)

B

BACEN	Banco Central do Brasil

C

CADE	Conselho Administrativo de Defesa Econômica
CAg	Código de Águas (D 24.643/34)
Câm.	Câmara
Can.	Cânone (artigo do CDCan)
Cap.	capítulo
cass.	cassação
CAt	conflito de atribuições
CBA	Código Brasileiro de Aeronáutica (L 7.565/86)
c/c	combinado com
CC	Código Civil (L 10.406/2002)
CC/16	Código Civil de 1916 (L 3.071/16)
CCom	Código Comercial (L 556/1850)
CComp	conflito de competência
CDC	Código de Defesa do Consumidor (L 8.078/90)
CDCan	Código de Direito Canônico (de 25-1-1983)

CEI	Comissão Estadual de Inquérito (parlamentar)
CEP	Código de Ética Profissional (dos advogados)
CF	Constituição Federal (CF de 5-10-1988)
cf.	conforme
cit.	citado; citação
civ.	civil; cível
CLT	Consolidação das Leis do Trabalho (DL 5.452/43)
CodEl	Código Eleitoral (L 4.737/65)
col.	coluna
Coment.	comentários
Conf.	confrontar
const.	Constituição; constitucional
Coord.	coordenador; coordenação
CP	Código Penal (DL 2.848/40)
CPC	Código de Processo Civil (L 13.105/2015)
CPC/73	Código de Processo Civil de 1973 (L 5.869/73)
CPC/39	Código de Processo Civil de 1939 (DL 1.608/39)
CPI	Comissão Parlamentar de Inquérito (federal ou municipal)
CPInd	Código da Propriedade Industrial (L 5.772/71, revogado pela LPI)
CPP	Código de Processo Penal (DL 3.689/41)
Crim.	criminal
CSM	Conselho Superior da Magistratura
CSMP	Conselho Superior do Ministério Público
CTN	Código Tributário Nacional (L 5.172/66)
CVM	Comissão de Valores Mobiliários

D

D	decreto
d.C.	depois de Cristo
Dep.	Deputado
Des.	Desembargador
dir.	Diretor; direção

DJE	Diário Oficial da Justiça do Estado
DJU	Diário Oficial da Justiça da União
DL	decreto-lei
Dleg	decreto legislativo
DOE	Diário Oficial do Estado (seguida da sigla do Estado-Membro)
DOU	Diário Oficial da União
DPDC	Departamento de Proteção e Defesa do Consumidor

E

EAC	embargos em apelação cível
EAR	embargos em ação rescisória
EC	emenda constitucional
ECA	Estatuto da Criança e do Adolescente (L 8.069/90)
ECR	emenda constitucional de revisão
ed.	edição
EDcl	embargos de declaração
EDiv	embargos de divergência
e.g.	*exempli gratia*
EI	embargos infringentes
em.	ementa; ementário
EmReg	emenda regimental
EOAB	Estatuto da Ordem dos Advogados do Brasil (L 8.906/94)
ERE	embargos em recurso extraordinário
EREO	embargos em remessa oficial (*ex officio*)
est.	estadual
ET	Estatuto da Terra (L 4.504/64)
Exeg.	exegese
ExImp	exceção de impedimento
ExInc	exceção de incompetência
ExSusp	exceção de suspeição
ExVerd	exceção da verdade

F

fed. federal

H

HC *habeas corpus*

HD *habeas data*

I

IC inquérito civil

INPI Instituto Nacional da Propriedade Industrial

Inq. inquérito

IP inquérito policial

IPM inquérito policial militar

J

j. julgado em

L

L Lei federal

LC Lei Complementar Federal

LCE Lei Complementar Estadual (seguida da sigla do Estado-Membro)

LD Lei Delegada

LE Lei Estadual

LM Lei Municipal (seguida do nome do município e sigla do Estado a que pertence)

loc. local

LOM Lei Orgânica do Município (seguida do nome do município respectivo e do Estado a que pertence)

M

MEC Ministério da Educação
MI mandado de injunção
Min. Ministro
MP medida provisória ou Ministério Público
MS mandado de segurança
MSC mandado de segurança coletivo
m.v. maioria de votos

N

n. número

O

ob. obra
obs. observação
op. opúsculo
org. organizador; organização
org. jud. organização judiciária

P

p. página(s)
PA processo administrativo
par. ou § parágrafo
par. ún. parágrafo único
Pet. petição
p. ex. por exemplo
Pre. precatório
princ. princípio(s)
proc. processo; processual
Prov. provimento

R

R.	réu
RCDC	Regulamento do Código de Defesa do Consumidor (D 2.181 de 20-3-1997)
RCJF	Regimento de Custas da Justiça Federal (L 9.289/96)
Rcl	reclamação
RE	recurso extraordinário
rel.	relator; relatora
REO	remessa *ex officio*
Res.	resolução
REsp	recurso especial
resp.	responsável
ret.	retificação; retificado
rev.	revista
RHC	recurso ordinário em *habeas corpus*
RHD	recurso ordinário em *habeas data*
RISTF	Regimento Interno do Supremo Tribunal Federal
RISTJ	Regimento Interno do Superior Tribunal de Justiça
RMI	recurso ordinário em mandado de injunção
RMS	recurso em mandado de segurança
ROC	recurso ordinário constitucional
Rp	representação
RR	recurso de revista
RR.	réus
RvCr	revisão criminal

S

s/	sobre
s.d.	sem data
s.e.	sem editor
SE	sentença estrangeira

seç.	seção
Sen.	Senador
s.l.	sem local
s.n.	sem nome
s/n	sem número
SNDC	Sistema Nacional de Defesa do Consumidor
SNDE	Secretaria Nacional de Direito Econômico
ss.	seguintes
SS	suspensão de segurança
STF	Supremo Tribunal Federal
STJ	Superior Tribunal de Justiça
supl.	suplemento

T

T.	Turma
t.	tomo
TA	Tribunal de Alçada (seguida da matéria de competência e da sigla do Estado; p. ex., 2º TACivSP = Segundo Tribunal de Alçada Civil de São Paulo)
tb.	também
TFR	Tribunal Federal de Recursos
Tít.	título
TJ	Tribunal de Justiça (seguida da sigla do Estado; p. ex., TJRJ = Tribunal de Justiça do Rio de Janeiro)
trad.	tradução; tradutor
Trat.	Tratado
TRF	Tribunal Regional Federal (seguida da região; p. ex.: TRF-2ª)
TRT	Tribunal Regional do Trabalho (seguida da região; p. ex.: TRT-1ª)
ts.	tomos
TSE	Tribunal Superior Eleitoral
TST	Tribunal Superior do Trabalho

U

Ujur uniformização da jurisprudência

ult. ulterior; ulteriormente

un. unânime; único

V

v. ver; veja; volume

v. volumes

v. g. *verbi gratia*

v. u. votação unânime

3

Abreviaturas dos meses em seis idiomas[1]

Português	
janeiro	- jan.
fevereiro	- fev.
março	- mar.
abril	- abr.
maio	- maio
junho	- jun.
julho	- jul.
agosto	- ago.
setembro	- set.
outubro	- out.
novembro	- nov.
dezembro	- dez.

1. Anexo da Norma NBR 6.023/89 da ABNT.

Espanhol	
enero	- ene.
febrero	- feb.
marzo	- mar.
abril	- abr.
mayo	- mayo
junio	- jun.
julio	- jul.
agosto	- ago.
septiembre	- set.
octubre	- oct.
noviembre	- nov.
diciembre	- dic.

Francês	
janvier	- jan.
février	- fév.
mars	- mars
avril	- avr.
mai	- mai
juin	- juin
juillet	- juil.
août	- août
septembre	- sept.
octobre	- oct.
novembre	- nov.
decembre	- dec.

Italiano	
gennaio	- gen.
febbraio	- feb.
marzo	- mar.
aprile	- apr.
maggio	- mag.
giugno	- giug.
giuglio	- giugl.
agosto	- ago.
settembre	- set.
ottobre	- ott.
novembre	- nov.
decembre	- dec.
dicembre	- dic.

Inglês	
January	- Jan.
February	- Feb.
March	- Mar.
April	- Apr.
May	- May
June	- June
July	- July
August	- Aug.
September	- Sept.
October	- Oct.
November	- Nov.
December	- Dec.

Alemão	
Januar	- Jan.
Februar	- Feb.
März	- März
April	- Apr.
Mai	- Mai
Juni	- Juni
Juli	- Juli
August	- Aug.
September	- Sept.
Oktober	- Okt.
November	- Nov.
Dezember	- Dez.

4

Algumas leis conhecidas pelos seus nomes

- Código de Águas (D 24.643/34)
- Código Brasileiro de Aeronáutica (L 7.565/86)
- Código Civil Brasileiro (L 10.406/02)[1]
- Código Comercial Brasileiro (L 556/1850)
- Código de Defesa do Consumidor (L 8.078/90)
- Código Eleitoral (L 4.737/65)
- Constituição Federal, de 5-10-1988
- Consolidação das Leis do Trabalho (DL 5.452/43)
- Código Penal Brasileiro (DL 2.848/40)
- Código de Processo Civil (L 13.105/2015)
- Código de Processo Civil de 73 (L 5.869/73)
- Código de Processo Civil de 39 (DL 1.608/39)

1. Utiliza-se ainda Código Civil de 2002 para indicar o atual diploma e antigo ou vetusto Código Civil para indicar o diploma de 1916 (L 3.071/16).

- Código de Processo Penal (DL 3.689/41)
- Código Tributário Nacional (L 5.172/66)
- Lei de Alimentos (L 5.478/68)
- Lei da Ação Civil Pública (L 7.347/85)
- Lei das Ações Discriminatórias (L 6.383/76)
- Lei que regula o procedimento da ação direta de inconstitucionalidade (L 4.337/64)
- Lei das Alienações Fiduciárias (DL 911/69)
- Lei de Assistência Judiciária (L 1.060/50)
- Lei da Ação Popular (L 4.717/65)
- Lei Antitruste (Lei do Abuso do Poder Econômico:
- L 12.529/2011)
- Lei do Cheque (L 7.357/85)
- Lei do Condomínio e Incorporações (L 4.591/64)
- Lei da Correção Monetária (L 6.899/81)
- Lei das Contravenções Penais (DL 3.688/41)
- Lei das Desapropriações (DL 3.365/41)
- Lei de Direitos Autorais (L 9.610/98)
- Lei do Divórcio (L 6.515/77)
- Lei da Defensoria Pública (LC 80/94)
- Lei de Desapropriação de Imóvel Rural para fins de Reforma Agrária (LC 76/93)
- Lei das Duplicatas (L 5.474/68)
- Lei de Execução Fiscal (L 6.830/80)
- Lei de Economia Popular (L 1.521/51)
- Lei de Execução Penal (L 7.210/84)
- Lei de Falências (L 11.101/2005)
- Lei do Inquilinato (L 8.245/91)
- Lei de Introdução às Normas do Direito Brasileiro (DL 4.657/42)
- Lei da Investigação de Paternidade (L 8.560/92)
- Lei dos Juizados Especiais Cíveis e Criminais (L 9.099/95) (*v.*

LPC)

- Lei de Licitações (L 8.666/93)
- Lei de Medidas Cautelares (L 8.437/92)
- Lei da Medida Cautelar Fiscal (L 8.397/92)
- Lei do Mandado de Segurança (L 12.016/2009)
- Lei de Organização da Justiça Federal (L 5.010/66)
- Lei Orgânica da Magistratura Nacional (LC 35/79)
- Lei Orgânica Nacional do Ministério Público (L 8.625/93)
- Lei Orgânica do Ministério Público da União (LC 75/93)
- Lei do Juizado Especial de Pequenas Causas (L 7.244/84) (revogada pela LJE)
- Lei da Propriedade Industrial (L 9.279/96, que revogou o CPI)
- Lei de Política Nacional do Meio Ambiente (L 6.938/81)
- Lei do Parcelamento do Solo (L 6.766/79)
- Lei que regula o procedimento dos recursos extraordinário e especial (L 8.038/90)
- Lei dos Registros Públicos (L 6.015/73)
- Lei das Sociedades por Ações (Lei das SA) (L 6.404/76, alterada pela L 9.457/97 e pela L 10.303/01)
- Lei da União Estável (L 9.278/96)
- Lei sobre os Tribunais Regionais Federais (L 7.727/89)
- Lei do Usucapião Especial (L 6.969/81)

5

Lei Complementar n. 95, de 26-2-1998 – DOU 27-2-1998

Dispõe sobre a elaboração, a redação, a alteração e a consolidação das leis, conforme determina o parágrafo único do art. 59 da Constituição Federal, e estabelece normas para a consolidação dos atos normativos que menciona.

» *Regulamentada pelo Decreto n. 4.176, de 28-3-2002 (DOU de 1º-4-2002 – em vigor desde a publicação).*

CAPÍTULO I – Disposições Preliminares (artigos 1º e 2º)

Art. 1º A elaboração, a redação, a alteração e a consolidação das leis obedecerão ao disposto nesta Lei Complementar.

Parágrafo único. As disposições desta Lei Complementar aplicam-se, ainda, às medidas provisórias e demais atos normativos referidos no art. 59 da Constituição Federal, bem como, no que couber, aos decretos e aos demais atos de regulamentação expedidos por órgãos do Poder Executivo.

Art. 2º (VETADO)

§ 1º (VETADO)

§ 2º Na numeração das leis serão observados, ainda, os seguintes critérios:

I – as emendas à Constituição Federal terão sua numeração iniciada a partir da promulgação da Constituição;

II – as leis complementares, as leis ordinárias e as leis delegadas terão numeração sequencial em continuidade às séries iniciadas em 1946.

CAPÍTULO II – Das Técnicas de Elaboração, Redação e Alteração das Leis (artigos 3º a 12)

SEÇÃO I – Da Estruturação das Leis (artigos 3º a 9º)

Art. 3º A lei será estruturada em três partes básicas:

I – parte preliminar, compreendendo a epígrafe, a ementa, o preâmbulo, o enunciado do objeto e a indicação do âmbito de aplicação das disposições normativas;

II – parte normativa, compreendendo o texto das normas de conteúdo substantivo relacionadas com a matéria regulada;

III – parte final, compreendendo as disposições pertinentes às medidas necessárias à implementação das normas de conteúdo substantivo, às disposições transitórias, se for o caso, a cláusula de vigência e a cláusula de revogação, quando couber.

Art. 4º A epígrafe, grafada em caracteres maiúsculos, propiciará identificação numérica singular à lei e será formada pelo título designativo da espécie normativa, pelo número respectivo e pelo ano de promulgação.

Art. 5º A ementa será grafada por meio de caracteres que a realcem e explicitará, de modo conciso e sob a forma de título, o objeto da lei.

Art. 6º O preâmbulo indicará o órgão ou instituição competente para a prática do ato e sua base legal.

Art. 7º O primeiro artigo do texto indicará o objeto da lei e o respectivo âmbito de aplicação, observados os seguintes princípios:

I – excetuadas as codificações, cada lei tratará de um único objeto;

II – a lei não conterá matéria estranha a seu objeto ou a este não vinculada por afinidade, pertinência ou conexão;

III – o âmbito de aplicação da lei será estabelecido de forma tão específica quanto o possibilite o conhecimento técnico ou científico da área respectiva;

IV – o mesmo assunto não poderá ser disciplinado por mais de uma lei, exceto quando a subsequente se destine a complementar lei considerada básica, vinculando-se a esta por remissão expressa.

Art. 8º A vigência da lei será indicada de forma expressa e de modo a contemplar prazo razoável para que dela se tenha amplo conhecimento, reservada a cláusula "entra em vigor na data de sua publicação" para as leis de pequena repercussão.

§ 1º A contagem do prazo para entrada em vigor das leis que estabeleçam período de vacância far-se-á com a inclusão da data da publicação e do último dia do prazo, entrando em vigor no dia subsequente à sua consumação integral.

» *§ 1º acrescido pela Lei Complementar n. 107, de 26-4-2001 (DOU de 27-4-2001 – em vigor desde a publicação).*

§ 2º As leis que estabeleçam período de vacância deverão utilizar a cláusula "esta lei entra em vigor após decorridos (o número de) dias de sua publicação oficial".

» *§ 2º acrescido pela Lei Complementar n. 107, de 26-4-2001 (DOU de 27-4-2001 – em vigor desde a publicação).*

Art. 9º A cláusula de revogação deverá enumerar, expressamente, as leis ou disposições legais revogadas.

» *Artigo, caput, com redação dada pela Lei Complementar n. 107, de 26-4-2001 (DOU de 27-4-2001 – em vigor desde a publicação).*

Parágrafo único. (VETADO)

» *Parágrafo único acrescido pela Lei Complementar n. 107, de 26-4-2001 (DOU de 27-4-2001 – em vigor desde a publicação).*

SEÇÃO II – Da Articulação e da Redação das Leis (artigos 10 e 11)

Art. 10. Os textos legais serão articulados com observância dos seguintes princípios:

I – a unidade básica de articulação será o artigo, indicado pela abreviatura "Art.", seguida de numeração ordinal até o nono e cardinal a partir deste;

II – os artigos desdobrar-se-ão em parágrafos ou em incisos; os parágrafos em incisos, os incisos em alíneas e as alíneas em itens;

III – os parágrafos serão representados pelo sinal gráfico "§", seguido de numeração ordinal até o nono e cardinal a partir deste, utilizando-se, quando existente apenas um, a expressão "parágrafo único" por extenso;

IV – os incisos serão representados por algarismos romanos, as alíneas por letras minúsculas e os itens por algarismos arábicos;

V – o agrupamento de artigos poderá constituir Subseções; o de Subseções, a Seção; o de Seções, o Capítulo; o de Capítulos, o Título; o de Títulos, o Livro e o de Livros, a Parte;

VI – os Capítulos, Títulos, Livros e Partes serão grafados em letras maiúsculas e identificados por algarismos romanos, podendo estas últimas desdobrar-se em Parte Geral e Parte Especial ou ser subdivididas em partes expressas em numeral ordinal, por extenso;

VII – as Subseções e Seções serão identificadas em algarismos romanos, grafadas em letras minúsculas e postas em negrito ou caracteres que as coloquem em realce;

VIII – a composição prevista no inciso V poderá também compreender agrupamentos em Disposições Preliminares, Gerais, Finais ou Transitórias, conforme necessário.

Art. 11. As disposições normativas serão redigidas com clareza, precisão e ordem lógica, observadas, para esse propósito, as seguintes normas:

I – para a obtenção de clareza:

a) usar as palavras e as expressões em seu sentido comum, salvo quando a norma versar sobre assunto técnico, hipótese em que se empregará a nomenclatura própria da área em que se esteja legislando;

b) usar frases curtas e concisas;

c) construir as orações na ordem direta, evitando preciosismo, neologismo e adjetivações dispensáveis;

d) buscar a uniformidade do tempo verbal em todo o texto das normas legais, dando preferência ao tempo presente ou ao futuro simples do presente;

e) usar os recursos de pontuação de forma judiciosa, evitando os abusos de caráter estilístico;

II – para a obtenção de precisão:

a) articular a linguagem, técnica ou comum, de modo a ensejar perfeita compreensão do objetivo da lei e a permitir que seu texto evidencie com clareza o conteúdo e o alcance que o legislador pretende dar à norma;

b) expressar a ideia, quando repetida no texto, por meio das mesmas palavras, evitando o emprego de sinonímia com propósito meramente estilístico;

c) evitar o emprego de expressão ou palavra que confira duplo sentido ao texto;

d) escolher termos que tenham o mesmo sentido e significado na maior parte do território nacional, evitando o uso de expressões locais ou regionais;

e) usar apenas siglas consagradas pelo uso, observado o princípio de que a primeira referência no texto seja acompanhada de explicitação de seu significado;

f) grafar por extenso quaisquer referências a números e percentuais, exceto data, número de lei e nos casos em que houver prejuízo para a compreensão do texto;

» *Alínea* f *com redação dada pela Lei Complementar n. 107, de 26-4-2001 (DOU de 27-4-2001 – em vigor desde a publicação).*

g) indicar, expressamente o dispositivo objeto de remissão, em vez de usar as expressões "anterior", "seguinte" ou equivalentes;

» *Alínea* g *acrescida pela Lei Complementar n. 107, de 26-4-2001 (DOU de 27-4-2001 – em vigor desde a publicação).*

III – para a obtenção de ordem lógica:

a) reunir sob as categorias de agregação – subseção, seção, capítulo, título e livro – apenas as disposições relacionadas com o objeto da lei;

b) restringir o conteúdo de cada artigo da lei a um único assunto ou princípio;

c) expressar por meio dos parágrafos os aspectos complementares à norma enunciada no *caput* do artigo e as exceções à regra por este estabelecida;

d) promover as discriminações e enumerações por meio dos incisos, alíneas e itens.

SEÇÃO III – Da Alteração das Leis (artigo 12)

Art. 12. A alteração da lei será feita:

I – mediante reprodução integral em novo texto, quando se tratar de alteração considerável;

II – mediante revogação parcial;

» *Inciso II com redação dada pela Lei Complementar n. 107, de 26-4-2001 (DOU de 27-4-2001 – em vigor desde a publicação).*

III – nos demais casos, por meio de substituição, no próprio texto, do dispositivo alterado, ou acréscimo de dispositivo novo, observadas as seguintes regras:

a) (Revogada pela Lei Complementar n. 107, de 26-4-2001 – DOU de 27-4-2001 – em vigor desde a publicação).

b) é vedada, mesmo quando recomendável, qualquer renumeração de artigos e de unidades superiores ao artigo, referidas no inciso V do art. 10, devendo ser utilizado o mesmo número do artigo ou unidade imediatamente anterior, seguido de letras maiúsculas, em ordem alfabética, tantas quantas forem suficientes para identificar os acréscimos;

» *Alínea* b *com redação dada pela Lei Complementar n. 107, de 26-4-2001 (DOU de 27-4-2001 – em vigor desde a publicação).*

c) é vedado o aproveitamento do número de dispositivo revogado, vetado, declarado inconstitucional pelo Supremo Tribunal Federal ou de execução suspensa pelo Senado Federal em face de decisão do Supremo Tribunal Federal, devendo a lei alterada manter essa indicação, seguida da expressão "revogado", "vetado", "declarado inconstitucional, em controle concentrado, pelo Supremo Tribunal Federal", ou "execução suspensa pelo Senado Federal, na forma do art. 52, X, da Constituição Federal";

» *Alínea* c *com redação dada pela Lei Complementar n. 107, de 26-4-2001 (DOU de 27-4-2001 – em vigor desde a publicação).*

d) é admissível a reordenação interna das unidades em que se desdobra o artigo, identificando-se o artigo assim modificado por alteração de redação, supressão ou acréscimo com as letras "NR" maiúsculas, entre parênteses, uma única vez ao seu final, obedecidas, quando for o caso, as prescrições da alínea *c*.

» *Alínea* d *com redação dada pela Lei Complementar n. 107, de 26-4-2001 (DOU de 27-4-2001 – em vigor desde a publicação).*

Parágrafo único. O termo "dispositivo" mencionado nesta Lei refere-se a artigos, parágrafos, incisos, alíneas ou itens.

» *Parágrafo único acrescido pela Lei Complementar n. 107, de 26-4-2001 (DOU de 27-4-2001 – em vigor desde a publicação).*

CAPÍTULO III – Da Consolidação das Leis e Outros Atos Normativos (artigos 13 a 17)

SEÇÃO I – Da Consolidação das Leis (artigos 13 a 15)

Art. 13. As leis federais serão reunidas em codificações e consolidações, integradas por volumes contendo matérias conexas ou afins, constituindo em seu todo a Consolidação da Legislação Federal.

» *Artigo,* caput*, com redação dada pela Lei Complementar n. 107, de 26-4-2001 (DOU de 27-4-2001 – em vigor desde a publicação).*

§ 1º A consolidação consistirá na integração de todas as leis pertinentes a determinada matéria num único diploma legal, revogando-se formalmente as leis incorporadas à consolidação, sem modificação do alcance nem interrupção da força normativa dos dispositivos consolidados.

» *§ 1º acrescido pela Lei Complementar n. 107, de 26-4-2001 (DOU de 27-4-2001 – em vigor desde a publicação).*

§ 2º Preservando-se o conteúdo normativo original dos dispositivos consolidados, poderão ser feitas as seguintes alterações nos projetos de lei de consolidação:

» *§ 2º,* caput*, acrescido pela Lei Complementar n. 107, de 26-4-2001 (DOU de 27-4-2001 – em vigor desde a publicação).*

I – introdução de novas divisões do texto legal base;

» *Inciso I acrescido pela Lei Complementar n. 107, de 26-4-2001 (DOU de 27-4-2001 – em vigor desde a publicação).*

II – diferente colocação e numeração dos artigos consolidados;

» *Inciso II acrescido pela Lei Complementar n. 107, de 26-4-2001 (DOU de 27-4-2001 – em vigor desde a publicação).*

III – fusão de disposições repetitivas ou de valor normativo idêntico;

» *Inciso III acrescido pela Lei Complementar n. 107, de 26-4-2001 (DOU de 27-4-2001 – em vigor desde a publicação).*

IV – atualização da denominação de órgãos e entidades da administração pública;

» *Inciso IV acrescido pela Lei Complementar n. 107, de 26-4-2001 (DOU de 27-4-2001 – em vigor desde a publicação).*

V – atualização de termos antiquados e modos de escrita ultrapassados;

» *Inciso V acrescido pela Lei Complementar n. 107, de 26-4-2001 (DOU de 27-4-2001 – em vigor desde a publicação).*

VI – atualização do valor de penas pecuniárias, com base em indexação padrão;

» *Inciso VI acrescido pela Lei Complementar n. 107, de 26-4-2001 (DOU de 27-4-2001 – em vigor desde a publicação).*

VII – eliminação de ambiguidades decorrentes do mau uso do vernáculo;

» *Inciso VII acrescido pela Lei Complementar n. 107, de 26-4-2001 (DOU de 27-4-2001 – em vigor desde a publicação).*

VIII – homogeneização terminológica do texto;

» *Inciso VIII acrescido pela Lei Complementar n. 107, de 26-4-2001 (DOU de 27-4-2001 – em vigor desde a publicação).*

IX – supressão de dispositivos declarados inconstitucionais pelo Supremo Tribunal Federal, observada, no que couber, a suspensão pelo Senado Federal de execução de dispositivos, na forma do art. 52, X, da Constituição Federal;

» *Inciso IX acrescido pela Lei Complementar n. 107, de 26-4-2001 (DOU de 27-4-2001 – em vigor desde a publicação).*

X – indicação de dispositivos não recepcionados pela Constituição Federal;

» *Inciso X acrescido pela Lei Complementar n. 107, de 26-4-2001 (DOU de 27-4-2001 – em vigor desde a publicação).*

XI – declaração expressa de revogação de dispositivos implicitamente revogados por leis posteriores.

» *Inciso XI acrescido pela Lei Complementar n. 107, de 26-4-2001 (DOU de 27-4-2001 – em vigor desde a publicação).*

§ 3º As providências a que se referem os incisos IX, X e XI do § 2º deverão ser expressa e fundadamente justificadas, com indicação precisa das fontes de informação que lhes serviram de base.

» *§ 3º acrescido pela Lei Complementar n. 107, de 26-4-2001 (DOU de 27-4-2001 – em vigor desde a publicação).*

Art. 14. Para a consolidação de que trata o art. 13 serão observados os seguintes procedimentos:

» *Artigo,* caput, *com redação dada pela Lei Complementar n. 107, de 26-4-2001 (DOU de 27-4-2001 – em vigor desde a publicação).*

I – o Poder Executivo ou o Poder Legislativo procederá ao levantamento da legislação federal em vigor e formulará projeto de lei de consolidação de normas que tratem da mesma matéria ou de assuntos a ela vinculados, com a indicação precisa dos diplomas legais expressa ou implicitamente revogados;

» *Inciso I com redação dada pela Lei Complementar n. 107, de 26-4-2001 (DOU de 27-4-2001 – em vigor desde a publicação).*

II – a apreciação dos projetos de lei de consolidação pelo Poder Legislativo será feita na forma do Regimento Interno de cada uma de suas Casas, em procedimento simplificado, visando a dar celeridade aos trabalhos;

» *Inciso II com redação dada pela Lei Complementar n. 107, de 26-4-2001 (DOU de 27-4-2001 – em vigor desde a publicação).*

III – (Revogado pela Lei Complementar n. 107, de 26-4-2001 – DOU de 27-4-2001 – em vigor desde a publicação).

§ 1º Não serão objeto de consolidação as medidas provisórias ainda não convertidas em lei.

» *§ 1º acrescido pela Lei Complementar n. 107, de 26-4-2001 (DOU de 27-4-2001 – em vigor desde a publicação).*

§ 2º A Mesa Diretora do Congresso Nacional, de qualquer de suas Casas e qualquer membro ou Comissão da Câmara dos Deputados, do Senado Federal ou do Congresso Nacional poderá formular projeto de lei de consolidação.

» *§ 2º acrescido pela Lei Complementar n. 107, de 26-4-2001 (DOU de 27-4-2001 – em vigor desde a publicação).*

§ 3º Observado o disposto no inciso II do *caput*, será também admitido projeto de lei de consolidação destinado exclusivamente à:

» *§ 3º,* caput, *acrescido pela Lei Complementar n. 107, de 26-4-2001 (DOU de 27-4-2001 – em vigor desde a publicação).*

I – declaração de revogação de leis e dispositivos implicitamente revogados ou cuja eficácia ou validade encontre-se completamente prejudicada;

» *Inciso I acrescido pela Lei Complementar n. 107, de 26-4-2001 (DOU de 27-4-2001 – em vigor desde a publicação).*

II – inclusão de dispositivos ou diplomas esparsos em leis preexistentes, revogando-se as disposições assim consolidadas nos mesmos termos do § 1º do art. 13.

» *Inciso II acrescido pela Lei Complementar n. 107, de 26-4-2001 (DOU de 27-4-2001 – em vigor desde a publicação).*

§ 4º (VETADO)

» *§ 4º acrescido pela Lei Complementar n. 107, de 26-4-2001 (DOU de 27-4-2001 – em vigor desde a publicação).*

Art. 15. Na primeira sessão legislativa de cada legislatura, a Mesa do Congresso Nacional promoverá a atualização da Consolidação das Leis Federais Brasileiras, incorporando às coletâneas que a integram as emendas constitucionais, leis, decretos legislativos e resoluções promulgadas durante a legislatura imediatamente anterior, ordenados e indexados sistematicamente.

SEÇÃO II – Da Consolidação de Outros Atos Normativos (artigos 16 e 17)

Art. 16. Os órgãos diretamente subordinados à Presidência da República e os Ministérios, assim como as entidades da administração indireta, adotarão, em prazo estabelecido em decreto, as providências necessárias para, observado, no que couber, o procedimento a que se refere o art. 14, ser efetuada a triagem, o exame e a consolidação dos decretos de conteúdo normativo e geral e demais atos normativos inferiores em vigor, vinculados às respectivas áreas de competência, remetendo os textos consolidados à Presidência da República, que os examinará e reunirá em coletâneas, para posterior publicação.

Art. 17. O Poder Executivo, até cento e oitenta dias do início do primeiro ano do mandato presidencial, promoverá a atualização das coletâneas a que se refere o artigo anterior, incorporando aos textos que as integram os decretos e atos de conteúdo normativo e geral editados no último quadriênio.

CAPÍTULO IV – Disposições Finais (artigos 18 a 19)

Art. 18. Eventual inexatidão formal de norma elaborada mediante processo legislativo regular não constitui escusa válida para o seu descumprimento.

Art. 18-A. (VETADO)

» *Artigo acrescido pela Lei Complementar n. 107, de 26-4-2001 (DOU de 27-4-2001 – em vigor desde a publicação).*

Art. 19. Esta Lei Complementar entra em vigor no prazo de noventa dias, a partir da data de sua publicação.

Brasília, 26 de fevereiro de 1998;
177º da Independência e 110º da República.

FERNANDO HENRIQUE CARDOSO

Índice alfabético-remissivo

(Os números referem-se aos itens)

EDITORA JusPODIVM
www.editorajuspodivm.com.br

Impressão e Acabamento
PlenaPrint
Indústria Gráfica

JUS3258